新能源汽车故障诊断与排除

主　编　江鲁安　顾建疆
副主编　张　峰　张　唯
主　审　董　斌

哈尔滨工业大学出版社

内 容 提 要

本书根据石河子技师培训学院新能源汽车维修专业国家高技能培训基地项目对高职新能源汽车人才培养目标的要求编写。全书共 5 个项目 12 个任务，主要包括新能源汽车故障诊断与排除常用设备的使用、新能源汽车故障诊断与排除的方法和流程分析、电池模组故障诊断与排除、BMS 故障诊断与排除、驱动电机故障诊断与排除、电机控制器故障诊断与排除、慢充系统故障诊断与排除、快充系统故障诊断与排除、整车控制系统传感器故障诊断与排除、CAN 总线故障诊断与排除、高压互锁故障诊断与排除、整车上电故障诊断与排除。每个任务均遵循培训人员的成长规律编写。

本书适合各类职业院校新能源汽车检测与维修技术专业师生使用，也可作为培训机构对新能源汽车故障诊断从业人员的培训教材。

图书在版编目(CIP)数据

新能源汽车故障诊断与排除/江鲁安,顾建疆主编. —哈尔滨：哈尔滨工业大学出版社,2021.10(2024.5 重印)

ISBN 978-7-5603-9747-4

Ⅰ.①新… Ⅱ.①江… ②顾… Ⅲ.①新能源-汽车-故障诊断 ②新能源-汽车-车辆修理 Ⅳ.①U469.707

中国版本图书馆 CIP 数据核字(2021)第 205800 号

策划编辑　杨秀华
责任编辑　杨秀华
封面设计　王　萌
出版发行　哈尔滨工业大学出版社
社　　址　哈尔滨市南岗区复华四道街 10 号　邮编 150006
传　　真　0451-86414749
网　　址　http://hitpress.hit.edu.cn
印　　刷　哈尔滨市工大节能印刷厂
开　　本　787 mm×1092 mm　1/16　印张 11.25　字数 264 千字
版　　次　2021 年 10 月第 1 版　2024 年 5 月第 2 次印刷
书　　号　ISBN 978-7-5603-9747-4
定　　价　78.00 元

(如因印装质量问题影响阅读,我社负责调换)

前　言

近年来新能源汽车在我国不断普及，新能源汽车技术也在不断发展，这就需要职业院校不断地输送相关人才。职业教育是培养技术技能人才、促进就业创业创新、推动中国制造和服务上水平的重要基础，新能源汽车产业的迅速发展给新能源汽车技术相关专业的学生提出了更高的理论和实践要求。随着新能源汽车保有量的不断提升，新能源汽车的维修量也在逐年上升，行业急需新能源汽车的专业维修人员。基于此，学生通过系统学习"新能源汽车故障诊断与排除"这门课程，获得新能源汽车故障诊断排除方面的综合知识，对于培养技术技能型人才具有重要意义。

教材建设是职业院校教学和人才培养的重要组成部分，目前新能源汽车技术发展方兴未艾，在人才培养过程中缺乏可用的教材，因此如何编写适合职业教育发展的新能源汽车方向教材是培养人才急需解决的问题。编者在总结自身教学实践经验的基础上，经过充分调研后，结合新能源汽车典型故障案例进行诊断分析，编写了本书，全书内容翔实，图文并茂，以成熟应用理论为主，具有较强的实践价值。本书满足职业院校新能源汽车技术专业相关课程的教学需求，也可供汽车工程技术人员参考借鉴。

全书共5个项目12个任务，主要包括新能源汽车故障诊断与排除常用设备的使用、新能源汽车故障诊断与排除的方法和流程分析、电池模组故障诊断与排除、BMS故障诊断与排除、驱动电机故障诊断与排除、电机控制器故障诊断与排除、慢充系统故障诊断与排除、快充系统故障诊断与排除、整车控制系统传感器故障诊断与排除、CAN总线故障诊断与排除、高压互锁故障诊断与排除、整车上电故障诊断与排除。

本书由石河子技师培训学院江鲁安、顾建疆任主编，江苏世纪龙科技有限公司张峰、石河子技师培训学院张唯任副主编。作者在本书的编写过程中参考了大量的著作、发表的专业论文以及网上的相关资料，在此对有关作者、编者以及同行致以衷心的感谢。本书得到了江苏世纪龙科技有限公司的大力帮助，在此一并表示感谢。限于作者的水平，书中难免存在疏漏之处，欢迎各位专家和读者提出宝贵意见和建议，以便丰富、完善和补充教材，为再版奠定基础。

编　者
2021年8月

目　　录

项目一　新能源汽车故障诊断设备的使用与故障诊断流程分析 ………………………… 1
　　任务一　新能源汽车故障诊断与排除常用设备的使用 …………………………………… 1
　　任务二　新能源汽车故障诊断与排除的方法和流程分析 ………………………………… 23

项目二　动力蓄电池故障诊断与排除 …………………………………………………… 39
　　任务一　电池模组故障诊断与排除 ………………………………………………………… 39
　　任务二　BMS 故障诊断与排除 …………………………………………………………… 58

项目三　驱动电机系统故障诊断与排除 ………………………………………………… 70
　　任务一　驱动电机故障诊断与排除 ………………………………………………………… 70
　　任务二　电机控制器故障诊断与排除 ……………………………………………………… 92

项目四　充电系统故障诊断与排除 ……………………………………………………… 106
　　任务一　慢充系统故障诊断与排除 ………………………………………………………… 106
　　任务二　快充系统故障诊断与排除 ………………………………………………………… 120

项目五　整车控制系统故障诊断与排除 ………………………………………………… 128
　　任务一　整车控制系统传感器故障诊断与排除 …………………………………………… 128
　　任务二　CAN 总线故障诊断与排除 ……………………………………………………… 139
　　任务三　高压互锁故障诊断与排除 ………………………………………………………… 148
　　任务四　整车上电故障诊断与排除 ………………………………………………………… 155

参考文献 …………………………………………………………………………………… 172

项目一　新能源汽车故障诊断设备的使用与故障诊断流程分析

任务一　新能源汽车故障诊断与排除常用设备的使用

一、任务引入

在新能源汽车发生故障时,我们经常需要使用一些工具设备对其进行故障的诊断与排除,那么我们该如何正确、规范、安全地使用这些设备呢?

二、任务要求

知识要求:

1. 正确判断故障类型并正确选择诊断设备。
2. 了解工具设备的用途和掌握正确的使用方法。
3. 能读懂设备显示的故障码。

技能要求:

1. 能够正确使用高压防护工具、维修工具和检测工具。
2. 了解工具的功能和使用方法及流程。

职业素养要求:

1. 严格执行新能源汽车检修规范,养成严谨科学的工作态度。
2. 规范操作,注意安全。
3. 团结合作,诚信以待,不窃取他人劳动成果。

三、相关知识

(一)新能源汽车故障诊断与排除防护措施及常用工具

新能源汽车故障诊断与排除防护措施及常用工具(如表1.1.1)。

表 1.1.1　防护措施及常用工具

工具名称		用途描述
高压危险警示牌		在地面或车辆附近明显位置放置
绝缘手套 （绝等级为 1 000 V/300 A 以上）		拆除及安装高压部件使用
绝缘鞋		拆除及安装高压部件使用
防护眼镜		拆除及安装高压部件使用
绝缘帽		拆除及安装高压部件使用
绝缘垫		拆除及安装高压部件使用
兆欧表		测试高压部件绝缘阻值
绝缘工具		拆除及安装高压部件使用

（二）新能源汽车诊断仪

1. 新能源专用诊断仪

（1）新能源汽车故障分级。

新能源汽车整车控制器根据电机、电池、EPS、DC/DC 等零部件故障、整车 CAN 网络故障及 VCU 硬件故障进行综合判断，确定整车的故障等级，并进行相应的控制处理。

可对整车的故障等级进行四级划分，如表 1.1.2。

表1.1.2　整车故障的四级划分

等级	名称	故障后处理
一级	致命故障	电机零扭矩,1 s 紧急断开高压,系统故障灯亮
二级	严重故障	电机故障零扭矩,二级电池故障,20 A 放电电流限功率,系统故障灯亮
三级	一般故障	进入跛行工况/降功率,系统故障灯亮
四级	轻微故障	只仪表显示,四级故障属于维修提示,但是 VCU 不对整车进行限制。四级能量回收故障,仅停止能量回收,行驶不受影响

（2）OBD 接口线束定义。

OBD 是英文 On – Board Diagnostic 的缩写,即随车诊断系统。OBD 诊断接口如图 1.1.1 所示。

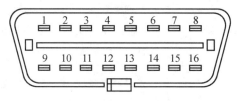

图 1.1.1　OBD 诊断接口

OBD 接口线束定义是：
- ◆ Pin1:新能源 CAN 高。
- ◆ Pin9:新能源 CAN 低。
- ◆ Pin2:快充 CAN 高。
- ◆ Pin10:快充 CAN 低。
- ◆ Pin3:动力电池 CAN 高。
- ◆ Pin11:动力电池 CAN 低。
- ◆ Pin6:原车 CAN 高。
- ◆ Pin14:原车 CAN 低。
- ◆ Pin16:常电(BAT +)。
- ◆ Pin5:地线 -。
- ◆ Pin4:地线 -。

(3) 诊断仪软件运行环境。

新能源电动车专用诊断仪能与多种车型匹配,能对多个子系统进行诊断。具有多种诊断能力,能对主要功能部件进行测试,且能对系统进行标定和烧录程序。

硬件要求:笔记本电脑,台式机,PAD,系统盘空间不小于 5 GB,内存不小于 1 GB;

操作系统:Windows XP SP3,Windows 7 和 Windows 8,暂不支持 Windows RT;

网络要求:本软件需要在线激活和网络下载,务必保证连接 Internet 正常;

安装条件:Windows 登录账户必须是管理员身份。

(4) 软件功能使用说明(如表 1.1.3)。

表 1.1.3　软件功能使用说明

功能图标	功能名称	功能描述
	主界面	BDS 汽车无线诊断系统主界面,介绍与描述产品性能和品牌
	汽车智能诊断系统	汽车无线诊断系统的核心功能,它提供了简易而专业的汽车综合诊断功能,包括读取 ECU 信息、故障码分析、数据流分析、数据流冻结帧、元件执行、电脑编程、匹配、设定和防盗功能
	系统设定	汽车无线诊断系统的系统设定功能。它提供多种功能操作模式、连接方式、公英制单位切换和语言选择功能等,从而丰富用户体验
	软件管理	产品软件管理,用于甄别汽车诊断软件的版本信息,以便客户升级软件;用于客户管理汽车诊断车型软件;用于注册用户信息,以加强安全性,以及客户打印测试报告时显示用户信息
	系统退出	安全退出 BDS 系统

2. 道通诊断仪

(1) 道通诊断仪简介。

MaxiSys 是道通科技研发的一套高度智能化汽车故障诊断系统。MS908E 汽车智能诊断仪基于全新的 Android 多任务操作系统,采用 A9 四核 1.40 GHz 处理器,配备 LED 电容式触摸屏,并应用 VCI 无线蓝牙连接方式,可更方便、快捷、高效地诊断汽车故障、管理客户资料和规范业务流程,如图 1.1.2 所示。

图 1.1.2　道通 MS908 汽车智能诊断仪

(2) 诊断仪的功能与结构。

① 道通 MS908 汽车智能诊断仪功能描述。

道通 MS908 汽车智能诊断仪基本结构和功能如图 1.1.3 所示。

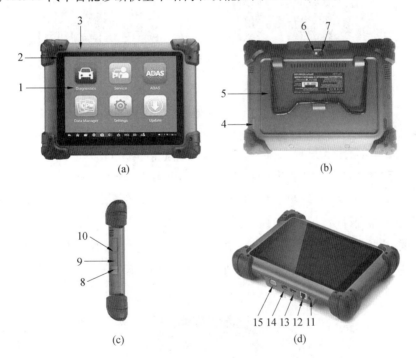

图 1.1.3　道通 MS908 汽车智能诊断仪基本结构和功能

1—9.7 英寸 LED 电容式触摸屏;2— 光线传感器(用于感测周围环境的亮度);
3— 麦克风;4— 扬声器;5— 可折叠支架;6— 照相机镜头;7— 照相机闪光灯;
8— 迷你 SD 卡槽;9— 迷你 USB OTG 端口;10— 耳机插口;11— 电源插口;
12— 网络连线插口;13—HDMI(高清晰度多媒体连接插口);14—USB 端口;
15—VGA(视频图形阵列)端口;16— 锁屏／电源按钮

② 蓝牙诊断接口设备。

蓝牙诊断接口设备基本结构和功能如图 1.1.4 所示。

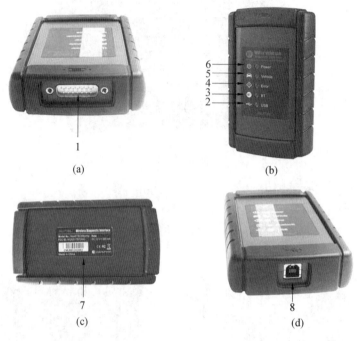

图 1.1.4　蓝牙诊断接口设备基本结构和功能

1—车辆数据口；2—电源指示灯（通电后绿灯持续点亮）；3—车辆指示灯（与车辆网络通信后绿灯闪烁）；4—故障指示灯（出现严重硬件故障时红灯持续点亮；执行软件／固件更新时红灯闪烁）；5—蓝牙指示灯（与 MaxiSys 平板诊断设备通过蓝牙连接通信时绿灯持续点亮）；6—USB 指示灯（通过 USB 连接线与 MaxiSys 平板诊断设备正确连接时绿灯持续点亮）；7—设备标识；8—USB 端口

③ 诊断仪器配件。

a. 测试主线。VCI 设备可通过测试主线（图 1.1.5）连接 OBDI/EOBD 兼容车辆并获得供电。通过测试主线建立 VCI 设备与车辆之间的通信后，VCI 设备可将接收到的车辆数据传送至 MaxiSys 平板诊断设备。

图 1.1.5　测试主线

b. 诊断接口。OBDI 转接头用于连接非 OBD-Ⅱ 车辆诊断座,根据所测试车辆的品牌型号选择合适的接头。常用诊断接头如图 1.1.6 所示。

图 1.1.6　常用诊断接头

(三) 绝缘测试仪(兆欧表)

通常检查绝缘的工具有绝缘测试仪。绝缘测试仪有数字式(如图 1.1.7)和指针式(如图 1.1.8)两种。

(四) 放电工装

放电工装(如图 1.1.9),用来对带残余电荷的物体放电。当被测物体有电时,放电工装的灯会亮,无电则不亮。

(五) 钳形万用表

对纯电动汽车进行检查,有时候会用到钳形万用表,其可测量电压、电流、电阻等。钳形万用表测量电流时使用方便,无须断开电源和线路即可测量运行中电力设备的工作电流。钳形万用表的功能键如图 1.1.10 所示。

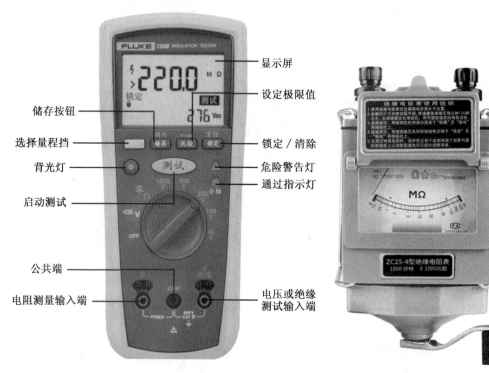

图 1.1.7　数字式绝缘测试仪　　　　图 1.1.8　指针式绝缘测试仪(摇表)

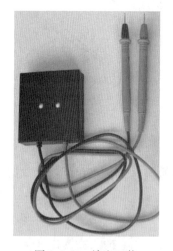

图 1.1.9　放电工装

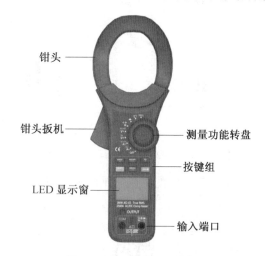

图 1.1.10　钳形万用表

(六) 示波器

示波器是一种用途十分广泛的电子测量仪器。它能把肉眼看不见的电信号变换成看得见的图像,便于人们研究各种电现象的变化过程。示波器利用狭窄的、由高速电子组成的电子束,打在涂有荧光物质的屏面上,就可产生细小的光点(这是传统的模拟示波器的工作原理)。在被测信号的作用下,电子束就好像一支笔的笔尖,可以在屏面上描绘出被测信号的瞬时值的变化曲线。利用示波器能观察各种不同信号幅度随时间变化的波形曲线,还可以用它测试各种不同的电量,如电压、电流、频率、相位差、调幅度等。示波器如图 1.1.11 所示。

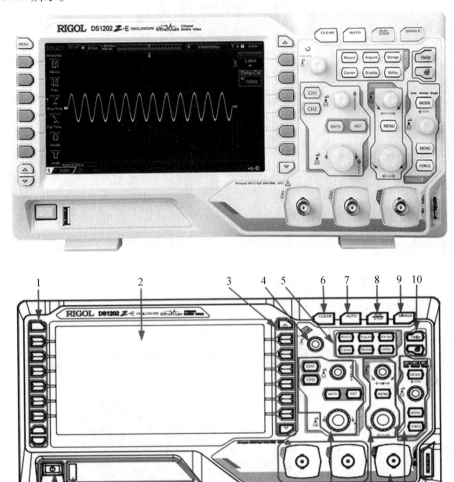

图 1.1.11　示波器的结构和说明

1—测量菜单操作键;2—LED;3—功能菜单操作键;4—多功能旋钮;5—常用操作键;6—全部清除键;7—波形自动显示;8—运行／停止控制键;9—单次触发控制键;10—内置帮助／打印键;11—电源键;12—USB Host 接口;13—模拟通道输入;14—垂直控制区;15—水平控制区;16—外部触发输入;17—触发控制区;18—探头补偿信号输出端／接地端

(七) 毫欧表

毫欧表,在仪器行业称为直流电阻测试仪,它的测量原理是电桥平衡原理,这类仪器测试小电阻的精度特别高。毫欧表如图 1.1.12 所示。

图 1.1.12　毫欧表

1—LED 显示器；2—电源开关及量程选择开关；3—电源指示灯；4—用于数据保持；5—用于开启／关闭背光；6—调零旋钮；7—红色测试导线输入插孔；8—黑色测试导线输入插孔

四、任务实施

（一）新能源汽车诊断仪的使用

1. 新能源专用诊断仪的使用

（1）选择专用故障诊断仪后进入诊断界面，如图 1.1.13 所示。

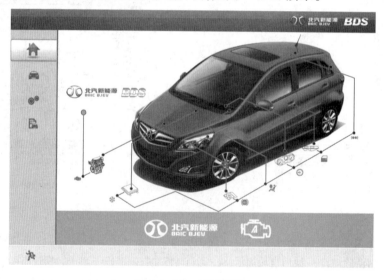

图 1.1.13　诊断界面

（2）选择新能源，如图 1.1.14 所示。

（3）选择诊断仪程序版本号，如图 1.1.15 所示。

（4）选择被诊断车辆品牌和车型，如图 1.1.16 所示。

（5）进行系统选择或快速测试，如图 1.1.17 和图 1.1.18 所示。

（6）根据测试结果可浏览故障码，如图 1.1.19 所示。

图 1.1.14　品牌选择

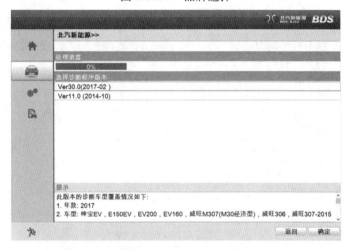

图 1.1.15　程序版本号

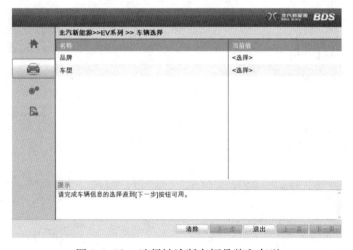

图 1.1.16　选择被诊断车辆品牌和车型

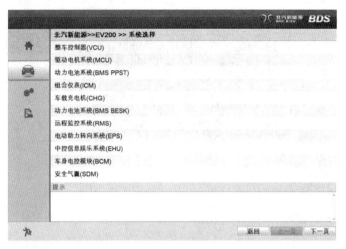

图 1.1.17　系统选择

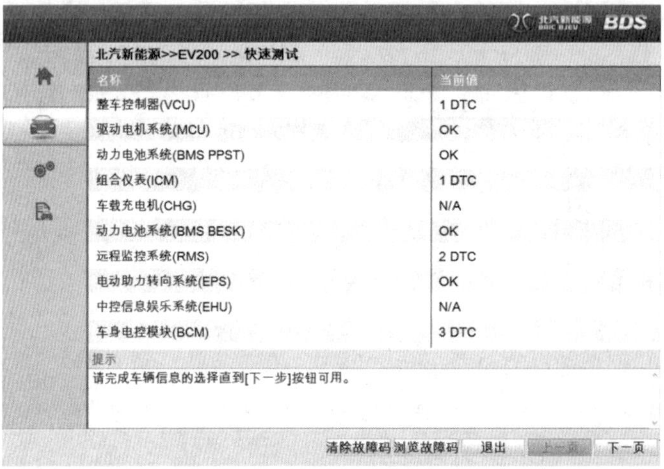

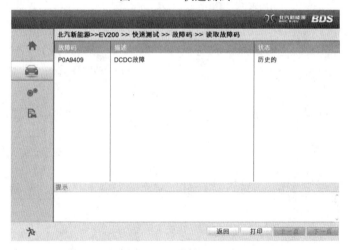

图 1.1.18　快速测试

图 1.1.19　故障码浏览

（7）读取数据流，如图 1.1.20 所示。

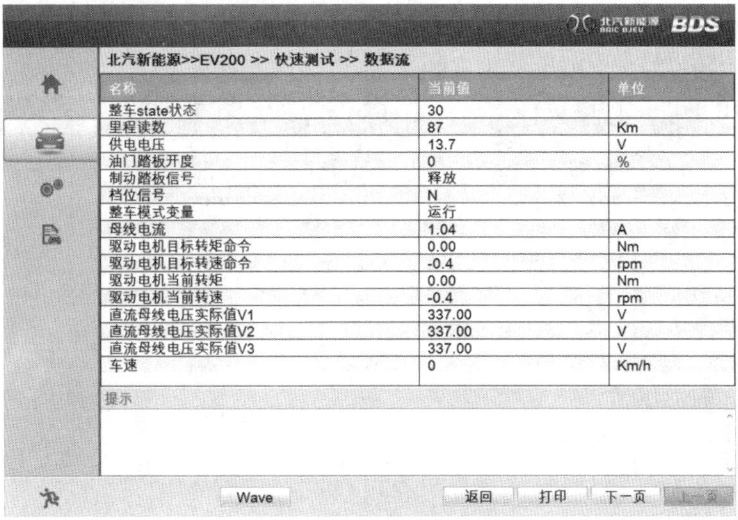

北汽新能源 BAIC BJEV BDS

北汽新能源>>EV200 >> 快速测试 >> 数据流

名称	当前值	单位
整车state状态	30	
里程读数	87	Km
供电电压	13.7	V
油门踏板开度	0	%
制动踏板信号	释放	
档位信号	N	
整车模式变量	运行	
母线电流	1.04	A
驱动电机目标转矩命令	0.00	Nm
驱动电机目标转速命令	-0.4	rpm
驱动电机当前转矩	0.00	Nm
驱动电机当前转速	-0.4	rpm
直流母线电压实际值V1	337.00	V
直流母线电压实际值V2	337.00	V
直流母线电压实际值V3	337.00	V
车速	0	Km/h

提示

Wave　返回　打印　下一页　上一页

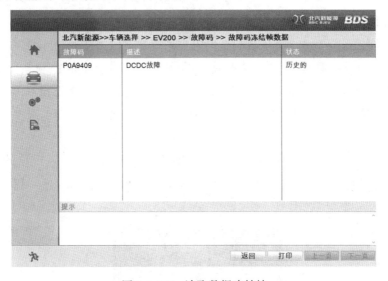

图 1.1.20　读取数据流

（8）读取数据冻结帧，如图 1.1.21 所示。

北汽新能源 BAIC BJEV BDS

北汽新能源>>车辆选择 >> EV200 >> 故障码 >> 故障码冻结帧数据

故障码	描述	状态
P0A9409	DCDC故障	历史的

提示

返回　打印　上一页　下一页

图 1.1.21　读取数据冻结帧

注意：故障诊断仪显示的故障都是最新的故障，即假如故障重复发生，新故障冻结帧将覆盖旧的冻结帧。为了分析故障发生时车辆所处的状态，请选择读取冻结帧数据，选择相应故障码，进入即可获取整车控制器记录的故障冻结帧信息。目前整车控制器存储记录了多个变量，包括车速、铅酸电池电压、扭矩、电机转速、高压电压、锂电池电流、挡位状态、加速踏板开度、制动状态、电机本体温度、电机控制器温度、SOC、车辆工况、电池状态、电机状态等关键信息。冻结帧代表的意义是：当车辆确认有故障的瞬间，由整车控制器存储车辆在“这个瞬间”的状态信息，比如车辆发生故障时车辆的下速是多少？高压多少？

挡位状态？驾驶员踩的加速踏板开度？制动状态等，这些信息有助于分析故障时的状态和故障原因，为电动车辆的检修提供重要依据。

（9）使用结束后如有故障码则清除故障码，如图 1.1.22 所示。

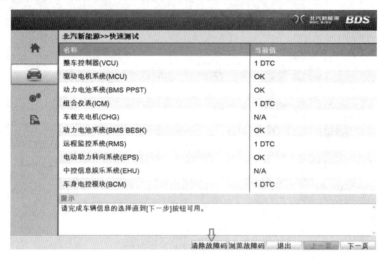

图 1.1.22　清除故障代码

2. 道通诊断仪的使用

诊断程序通过与 VCI 设备连接的车辆电控系统建立数据连接，可读取诊断信息，查看数据流参数，并执行动作测试。诊断应用程序可访问多个车辆控制系统的电控模块（ECM），如发动机、变速器、防抱死制动系统（ABS）、安全气囊系统（SRS）等。使用 MaxiSys 平板诊断设备前，确保设备内置电池电量充足或已连接直流电源。

（1）开机。

按下平板诊断设备顶部左侧的【锁屏／电源】按钮开启设备。系统启动后会显示锁定屏幕，按住并拖曳小圆圈至外圈边缘解锁屏幕，系统会显示 MaxiSys 程序菜单，如图 1.1.23 所示。

图 1.1.23　程序菜单

1— 应用程序菜单；2— 屏幕定位器和导航按钮；3— 状态图示

（2）应用程序菜单说明。

应用程序菜单详细说明如表 1.1.4 所示。

表 1.1.4　应用程序菜单详细说明

程序名称	图标	描述
诊断		运行及执行汽车诊断程序
数据管理		用于浏览和管理已保存的数据文件
MaxFix		登录 MaxFix 线上数据库,查询和浏览海量通用的维修技巧和参考信息
设置		设置 MaxiSys 系统并查看设备的基本信息
维修站管理		用于编辑和保存维修站信息及用户信息,同时查看测试车辆的历史记录
更新		查看、下载并安装 MaxiSys 系统的最新更新软件
VCI 管理		建立并管理与 VCI 设备的蓝牙通信连接
远程桌面		通过运行 Team Viewer 远程控制软件程序以接收远程支持
支持		登录线上"支持"平台连接通道公司在线服务站点进行同步通信操作
培训		存储和播放关于设备使用或车辆诊断技巧的技术教程和培训视频
快速链接		提供相关的网站书签,快速获取产品相关的更新、服务、支持及其他信息
高清内窥镜		通过与成像头线缆连接,可以执行高清内窥镜操作,以对车辆进行仔细检查

（3）屏幕定位器和导航按钮。

屏幕定位器和导航按钮的详细说明如表 1.1.5 所示。

表 1.1.5　屏幕定位器和导航按钮的详细说明

名称	图标	描述
屏幕定位器		指示正在浏览的屏幕位置，左右滑动屏幕可翻看前后页面
返回		返回到上一个界面
主页		返回 Android 系统的主界面
最近使用程序		显示在用程序的缩略图列表。点击程序缩略图可打开相应的应用程序，向右拖曳程序缩略图可关闭该程序
Chrome 浏览器		启用 Chrome 浏览器
照相机		短按可开启照相机，长按可进行截屏并保存图像。保存的文件会自动存储在"数据管理"应用程序中以便之后查看
显示和声音		调节屏幕亮度和音频输出的音量
VCI		点击打开 VCI 管理程序界面。右下角的"√"图标表明平板诊断设备与 VCI 设备处于通信状态，若未连接则显示为"×"
MaxiSys 快捷键		点击直接切换或返回到 MaxiSys 操作程序界面

（4）关机。

关闭 MaxiSys 平板诊断设备前必须终止所有车辆通信。如果 VCI 设备与车辆处于通信中则关机时会显示一条警告信息。通信时强制关机可能导致一些车辆的电控模块出现问题，应在关机前退出诊断应用程序。

关闭 MaxiSys 平板诊断设备方法：

① 按住【锁屏／电源】按钮。

② 点击【确定】后系统将在几秒内关闭。

(二)绝缘测试仪(兆欧表)的使用

绝缘测试只能在不通电的电路上进行。要测量绝缘电阻,请按照图 1.1.24 所示设定测试仪。

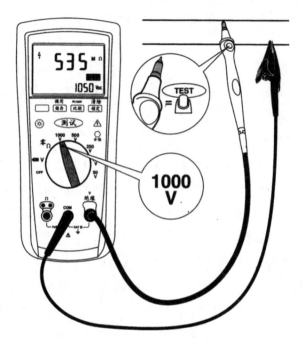

图 1.1.24　测量绝缘电阻

(1)将测试探头插入 V 和 COM(公共)输入端子。

(2)将旋转开关转至所需要的测试电压。

(3)将探头与待测电路连接。测试仪会自动检测电路是否通电。

主显示位置显示——直到按 测试 按钮,此时将获得一个有效的绝缘电阻读数。

如果电路中的电压超过 30 V(交流或直流)以上,在主显示位置显示电压超过 30 V 以上警告的同时,还会显示高压符号( )。在这种情况下,测试被禁止。在继续操作之前,先断开测试仪的连接并关闭电源。

(4)按住 测试 按钮开始测试。辅显示位置上显示被测电路上所施加的测试电压。主显示位置上显示高压符号( )并以 MΩ 或 GΩ 为单位显示电阻。显示屏的下端出现 测试 图标,直到释放测试按钮。

当电阻超过最大显示量程时,测试仪显示 ▶ 符号以及当前量程的最大电阻。

(5)继续将探头留在测试点上,然后释放 测试 按钮。被测电路即开始通过测试仪放电。主显示位置显示电阻读数,直到开始新的测试或者选择了不同功能或量程,或者检测到了 30 V 以上的电压。

《电动汽车 安全要求 第3部分：人员触电防护》(GB/T 18384.3—2015)规定,在最大工作电压下,直流电路绝缘电阻的最小值应大于 100 Ω/V,交流电路应至少大于 500 Ω/V。整个电路为满足以上要求,依据电路的结构和组件的数量,每个组件应有更高的绝缘电阻。

(三) 放电工装的使用

将放电工装表笔的正极接上带电物体的正极,放电工装表笔的负极接上带电物体的负极。

(四) 钳形万用表的使用

在使用钳形万用表时,根据电流的种类、电压等级正确选择钳形万用表,被测线路的电压要低于钳形万用表的额定电压。当测量高压线路的电流时,应选用与其电压等级相符的高压钳形万用表。查看钳形万用表的外观情况,一定要仔细检查表的绝缘性能是否良好,绝缘层无破损,手柄应清洁干燥。若指针没在零位,应进行机械调零。钳形万用表的钳口应紧密结合,若指针晃动,可重新开闭一次钳口。

使用钳形万用表测试电流的步骤如下：使用时应按紧扳手,使钳口张开,将被测导线放入钳口中央,然后松开扳手并使钳口闭合紧密。钳口的结合面如有杂声,应重新开合一次,仍有杂声,应处理结合面,以使读数准确。另外,不可同时钳住两根导线。读数后,将钳口张开,将被测导线退出,将挡位置于电流最高挡或 OFF 挡。

钳形万用表要接触被测线路,所以钳形万用表不能测量裸导体的电流。用高压钳形表测量时,应由两人操作,测量时应戴绝缘手套,站在绝缘垫上,不得触及其他设备,以防止短路或搭铁。

测量时应注意身体与带电体保持安全距离。当测量高压电缆各相电流时,电缆头线间距离应在 300 mm 以上,且绝缘良好。观测读数时,要特别注意保持头部与带电部分的安全距离,人体任何部分与带电体的距离不得小于钳形万用表的整个长度。

(五) 示波器的使用

1. 示波管和电源系统

(1) 电源(Power)。示波器主电源开关。当此开关按下时,电源指示灯亮,表示电源接通。

(2) 辉度(Intensity)。旋转此旋钮能改变光点和扫描线的亮度。观察低频信号时可小些,高频信号时大些。一般不应太亮,以保护荧光屏。

(3) 聚焦(Focus)。聚焦旋钮调节电子束截面大小,将扫描线聚焦成最清晰状态。

(4) 标尺亮度(Illuminance)。此旋钮调节荧光屏后面的照明灯亮度。正常室内光线下,照明灯暗一些好。室内光线不足的环境中,可适当调亮照明灯。

2. 垂直偏转因数和水平偏转因数

(1) 垂直偏转因数选择(VOLTS/DIV)和微调。

在单位输入信号作用下,光点在屏幕上偏移的距离称为偏移灵敏度,这一定义对 X 轴和 Y 轴都适用。灵敏度的倒数称为偏转因数。垂直灵敏度的单位为 cm/V、cm/mV 或 DIV/mV、DIV/V,垂直偏转因数的单位为 V/cm、mV/cm 或者 V/DIV、mV/DIV。

示波器中每个通道各有一个垂直偏转因数选择波段开关。每个波段开关上往往还有一个小旋钮,微调每挡垂直偏转因数。将它沿顺时针方向旋到底,处于"校准"位置,此时垂直偏转因数值与波段开关所指示的值一致。逆时针旋转此旋钮,能够微调垂直偏转因数。垂直偏转因数微调后,会造成与波段开关的指示值不一致,这点应引起注意。许多示波器具有垂直扩展功能,当微调旋钮被拉出时,垂直灵敏度扩大若干倍(偏转因数大幅度缩小)。

(2) 时基选择(TIME/DIV)和微调。

时基选择和微调的使用方法与垂直偏转因数选择和微调类似。时基选择通过一个波段开关实现,按1、2、5方式把时基分为若干挡。波段开关的指示值代表光点在水平方向移动一个格的时间值。例如在 1 μs/DIV 挡,光点在屏上移动一格代表时间值 1 μs。

"微调"旋钮用于时基校准和微调。沿顺时针方向旋到底处于校准位置时,屏幕上显示的时基值与波段开关所示的标称值一致。逆时针旋转旋钮,则对时基微调。TDS 实验台上有 10 MHz、1 MHz、500 kHz、100 kHz 的时钟信号,由石英晶体振荡器和分频器产生,准确度很高,可用来校准示波器的时基。示波器的标准信号源 CAL,专门用于校准示波器的时基和垂直偏转因数。示波器前面板上的位移(Position)旋钮调节信号波形在荧光屏上的位置。

3. 输入通道和输入耦合选择

(1) 输入通道选择。

输入通道至少有三种选择方式:通道1(CH1)、通道2(CH2)、双通道(DUAL)。

①CH1:通道1单独显示;

②CH2:通道2单独显示;

③ALT:两通道交替显示;

④CHOP:两通道断续显示,用于扫描速度较慢时双踪显示;

⑤ADD:两通道的信号叠加。

维修中以选择通道1或通道2为多。

(2) 输入耦合方式。

输入耦合方式:交流(AC)、地(GND)、直流(DC)。

4. 触发

(1) 触发源(Source)选择。

要使屏幕上显示稳定的波形,则需将被测信号本身或者与被测信号有一定时间关系的触发信号加到触发电路。触发源选择确定触发信号由何处供给。通常有三种触发源:内触发(INT)、电源触发(LINE)、外触发(EXT)。

(2) 触发耦合(Coupling)方式选择。

触发信号到触发电路的耦合方式有多种,目的是为了触发信号的稳定、可靠。这里介绍常用的几种:AC 耦合又称电容耦合,直流耦合(DC)不隔断触发信号的直流分量等。

(3) 触发电平(LEVel)和触发极性(Slope)。

触发电平调节又叫同步调节,它使得扫描与被测信号同步。电平调节旋钮调节触发信号的触发电平。一旦触发信号超过由旋钮设定的触发电平时,扫描即被触发。顺时针旋转旋钮,触发电平上升;逆时针旋转旋钮,触发电平下降。

(4) 示波器通常有四种触发方式。

① 常态(NORM):无信号时,屏幕上无显示;有信号时,与电平控制配合显示稳定波形;

② 自动(AUTO):无信号时,屏幕上显示光迹;有信号时与电平控制配合显示稳定的波形;

③ 电视场(TV):用于显示电视场信号;

④ 峰值自动(P－PAUTO):无信号时,屏幕上显示光迹;有信号时,无须调节电平即能获得稳定波形显示。该方式只有部分示波器(例如 CALTEK 卡尔泰克 CA8000 系列示波器)中采用。

5. 扫描方式(SweepMode)

扫描有自动(Auto)、常态(Norm)和单次(Single)三种扫描方式。

幅度和频率的测量方法(以测试示波器的校准信号为例):

(1) 将示波器探头插入通道 1 插孔,并将探头上的衰减置于"1"挡。

(2) 将通道选择置于 CH1,耦合方式置于 DC 挡。

(3) 将探头探针插入校准信号源小孔内,此时示波器屏幕出现光迹。

(4) 调节垂直旋钮和水平旋钮,使屏幕显示的波形图稳定,并将垂直微调和水平微调置于校准位置。

(5) 读出波形图在垂直方向所占格数,乘以垂直衰减旋钮的指示数值,得到校准信号的幅度。

(6) 读出波形每个周期在水平方向所占格数,乘以水平扫描旋钮的指示数值,得到校准信号的周期(周期的倒数为频率)。

(7)一般校准信号的频率为 1 kHz,幅度为 0.5 V,用以校准示波器内部扫描振荡器频率,如果不正常,应调节示波器(内部)相应电位器,直至相符为止。

(六)毫欧表的使用

VC480C+毫欧表采用的是四线法,可测得很低的阻抗;可精确测量导体电热元件和焊点;可用于电阻、变压器、马达线圈、电路板、行业幕墙的测量。

功能键组成及功能(如图 1.1.25):

(1)电源开关及量程选择开关:半圆拨盘,定位精准,经久耐用,手感舒适。用于选择所需的功能和量程,以及开机和关机。为了节省电源,仪器不使用时,此开关应置于"OFF"位置。

(2)LED 显示器:显示测量数据及单位符号。高清大屏显示,三位半液晶显示,字迹清晰,最大读数 1999。

(3)黑色测试导线输入插孔:用于连接黑色表笔。

(4)红色测试导线输入插孔:用于连接红色表笔。

(5)调零旋钮:在 MΩ 量程测量前用于校正零值读数。

(6)"✲"键:用于开启/关闭背光。

(7)"HOLD"键:用于保持当前读数。按下该按键,则当前的读数即被保持在屏幕上,同时屏幕出现"HOLD"符号,再按一下该按键,则取消数据保持功能。

(8)电源指示灯:LED 显示。

(9)DC9V 电源适配器插座:用于连接外部电源,对内部电路进行供电。

(10)背带扣耳:背带固定在两边扣耳,可将仪器挂在脖子上进行测量。

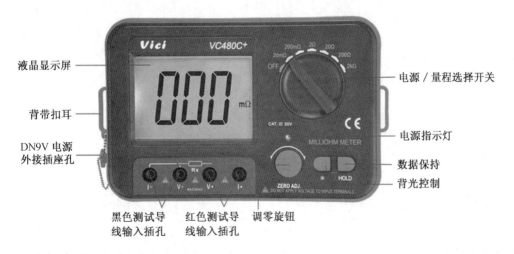

图 1.1.25　VC408C+功能键组成及功能

五、评价与反馈

学习任务评价表

小组　　　　　　学号　　　　　　姓名

项目内容	主要测评项目	自评			
		A	B	C	D
关键能力总结	1. 了解工具设备的用途和掌握正确的使用方法。 2. 正确判断故障类型并正确选择诊断设备。 3. 具有安全意识、责任意识，6S管理意识，注重节约、节能与环保。 4. 团结协作、遵守纪律，服从安排。 5. 学习态度积极主动、仪容仪表符合学习活动要求				
专业知识与能力总结	1. 能读懂设备显示的故障码。 2. 能够正确使用高压防护工具、维修工具和检测工具。 3. 严格执行新能源汽车检修规范，养成严谨科学的工作态度。 4. 规范操作，注意安全。 5. 培养团队合作精神。 6. 能严格遵守新能源汽车维修作业规范，严格执行6S现场管理				

知识点掌握情况	A 我很自信	B 掌握75%	C 掌握50%	D 掌握25%	E 完全没理解

自我评价	

小组评价	

教师评价		总评成绩	

任务二　新能源汽车故障诊断与排除的方法和流程分析

一、任务引入

在新能源汽车发生故障时,我们要对其进行故障诊断与排除,那么我们对其进行故障诊断与排除时采用的方法和流程分别是什么?

二、任务要求

知识要求:
1. 了解故障诊断的方法。
2. 了解故障诊断的流程。
3. 了解工具设备并掌握使用方法。

技能要求:
1. 了解新能源汽车故障诊断方法。
2. 熟知新能源汽车故障诊断基本原则。
3. 熟知新能源汽车故障诊断基本流程。

职业素养要求:
1. 工作严谨,规范操作。
2. 学会总结,为下次训练积累经验。
3. 团结协作,工作细致认真。

三、相关知识

(一) 新能源汽车故障诊断方法

1. 问诊法

问诊法是维修人员通过与车主的交谈,了解故障的现象、产生及发展的过程,为进一步查找故障原因收集尽可能多的信息的一种方法。了解故障现象是问诊的主要工作,应通过问询、提示、启发等手段,让车主对故障现象尽可能给出全面、客观的描述。问诊的主要内容包括:

(1) 汽车已经使用的里程或年限。

了解汽车使用的里程或年限可以帮助大致估计出故障的性质。汽车零部件或材料随着里程的增加或年限的增长,从开始使用到损坏出现故障有一定的规律性。车辆部件或故障率随里程(或时间)的变化而呈现规律性的变化;用非金属材料制作的零件随着时间的推移会逐渐老化。对于较新的汽车,比较多的情况是个别零件安装或焊接不好,插接件松动造成接触不良,个别元器件可靠性太差,用户不会使用汽车的某些功能或开关而造成的"假故障"等。对于使用多年的旧汽车来说,应较多地考虑损耗性故障,如电气部分的集成电路老化、特性变坏,电容器损坏,开关触点氧化烧蚀等。

（2）故障产生的过程。

应了解故障是突然发生的还是逐步恶化的,是一直存在的故障还是时有时无的故障。详细了解以上这些情况,可以使检修人员进一步判断故障的性质,采用较为合理、可靠的维修方法。

（3）是否曾经维修过。

应该了解该汽车发生故障以后,用户是否请人维修过。如维修过,问清维修的全过程,特别是拆了哪些部件,是否对某些部位进行过调整,是否更换过元器件等。了解这些后,或许可以找出前期维修过程中因技术不熟人为因素造成的故障。

（4）故障产生的环境因素。

应弄清故障发生时或发生前处于什么环境,路况、气候怎样,是否有高温、下雨、剧烈振动等。

（5）汽车运行是否正常。

汽车是否长时间超负荷运行、仪表板上有哪些警告灯点亮以及是否有错误的操作等。

有些车主对汽车结构及工作原理不了解或一知半解,对故障原因常常会做出一些主观臆断,问诊时要注意排除这些干扰,可与车主一同试车检验。

2. 直观检查法

对整车或怀疑的部位进行认真仔细的直观检查,常常能发现导致故障的原因,应该优先采用这种方法。如导致机械部分故障的裂纹、破损、泄漏、卡滞、连接件松动等,导致电气部分故障的烧蚀、脱焊、松脱、氧化、接触不良、搭铁等。

3. 换件比较法

根据故障现象,将怀疑有故障的元件拆卸下来,换上工作正常的元件,通过比较故障现象有无变化而进行的故障诊断。如果更换元件后故障消失,则说明被换下的元件有故障,反之则说明该元件正常。这种方法简单易行,效率较高,经常在缺少被修车型技术资料或检测工具且对故障现象难以诊断的情况下使用。在怀疑难诊断的复杂件,如控制单元或模组时,往往用这种方法。

4. 隔除法

将某些系统或部件的工作隔断,通过故障现象是否变化来确定故障部位或范围的方法。例如:某灯不亮,可将该灯与蓄电池直接接通,若灯亮,则说明连接该灯的导线发生了故障等。

5. 自诊断法

自诊断法是通过读取电控系统故障代码来查找故障原因的一种方法。一般来说,当汽车运行时仪表板上故障指示灯亮则表明该电控系统有故障。读取故障方法可以用故障检测仪。用故障检测仪读取故障时可直接按仪器屏幕上的提示去排除故障。自诊断法主要适合与汽车电控系统的传感器、执行器及其控制线路的断路、短路,是一种简便快捷的诊断方法。

6. 数据分析诊断法

数据分析诊断法是在总成不解体的条件下,利用测试仪器和检验设备来检测汽车技术状况,测出有关技术数据,维修人员根据仪器设备显示的结果来进行故障分析判断。这种方法诊断速度快,准确率高,已得到广泛应用。它主要包括:

(1) 万用表诊断法。

对万用表检测到的各种数据如电压、电阻、电流等进行故障分析。此法在汽车电器检修中是一种最基本、最常用的诊断方法。

(2) 数据流分析法。

用故障检测仪,将汽车运行中各主要传感器、执行器以及其他相关信息同时显示出来,并且显示值随汽车工况的变化而呈现动态变化,通过维修人员分析、对比各种工况下的数据有无异常,从而判断故障范围。该方法能判断出无法用自诊断法判断的故障,也可以从故障瞬间各个信号数值的变化中找出车辆运行中偶尔产生的故障,由于故障结论不是由仪器自动给出,而是靠维修人员通过分析得出的。因此,对维修人员的专业素质要求较高。

(3) 波形分析法。

用汽车示波器对电信号进行检测,将信号电压值随时间变化的规律用图形曲线在屏幕上显示出来。波形曲线直观,能显示变化着的每一个细节,便于维修人员捕捉瞬间信息。它弥补了其他检测仪器设备无法对脉冲电信号进行全面检测和分析的缺陷,特别适用于 CAN 总线检测及各传感器、执行器故障分析。该方法有一定的技术难度,要求操作者有较高的专业水平,需要熟识各种信号的标准波形及变化规律,并能从实际波形与标准波形的差别中分析出故障所在之处。

(4) 模拟信号法。

用信号模拟器模拟相应的信号输出,对传感器及线路的故障进行有效的诊断。例如,很多时候可以通过读取故障代码等形式显示相关的故障,但究竟是传感器本身的故障还是传感器至电脑配线的故障或是电脑本身的故障,需做进一步诊断。此时就可通过信号模拟器模拟相应的信号来代替传感器向电脑输入信号,从而有效地检查出相关的故障。

7. 故障征兆模拟试验诊断方法

有些故障的征兆不明显而故障又确实存在或是偶发性、间歇性故障,这就成为故障诊断中最难处理的情况。对于这样的故障,诊断时可查阅汽车维修册中的疑难故障诊断表进行诊断,必要时可进行故障征兆模拟试验,再现故障出现的环境和条件,进行全面分析、判断。其方法主要有振动法、加热法、淋水法、电负荷满载法等。

8. 资料分析法

资料分析法是以汽车制造厂提供的有关故障诊断资料(如故障诊断一览表、维修诊断手册等)进行故障诊断排除的方法。维修人员很难做到对所有车型的结构原理都十分熟悉。因此,在故障诊断过程中,充分合理地利用厂家提供的技术资料往往能收到事半功倍的效果。在许多情况下,掌握足够的技术资料是进行故障诊断工作的必要条件。由于资料来源权威,多用资料分析法能少走许多弯路。

(二)故障诊断基本原则

汽车结构复杂,故障表现形式多种多样,故障诊断较为困难。在故障诊断中,应根据实际情况,遵循故障诊断的一些基本原则,采用恰当、合理的诊断方法快速准确诊断出故障。

1. 先排除低压故障,后排除高压故障

由于新能源汽车采取的是低压控制高压的测量,当新能源汽车出现综合故障时,先排除低压故障,后排除高压故障。

2. 先外后内、由表及里

首先对表面容易观察、容易检测的地方进行检查诊断,只有将表面相关部件全都检查诊断完后才可拆检内部。

3. 故障码优先

汽车上电控装置很多,一般都有故障自诊断功能。当电控系统出现故障时,ECU会检测到故障并以故障码的方式储存该故障的信息。因此,在进行故障检测诊断前应首先读取故障码,以免走弯路。

4. 故障诊断无把握时不可轻易解体系统或总成

在总成部件拆检前应进行不解体故障诊断或技术状况评定。

5. 重视维修数据和资料的收集

汽车种类繁多、结构复杂、技术先进,在检修该型车辆时,应准备好维修车型的有关检修数据资料。除了从维修手册、专业书刊上收集整理检修数据资料外。另一个有效的途径是利用无故障车辆对其系统的有关参数进行测量,并记录下来,作为日后检修同类型车辆的检测比较参数。平时注意做好这项工作,会给故障诊断带来方便。同时还要注意检修车型不熟悉时要多收集相关技术资料,弄清其基本工作原理。例如,电子控制系统的一些部件性能好坏,电气线路正常与否,常以其电压或电阻等参数来判断。当缺少数据资料时,故障检判将会很困难,往往只能采取新件替换的方法,造成维修费用增加。

(三)新能源汽车基本故障诊断基本流程

面对高电压新能源汽车发生故障时,"基本故障诊断策略"的流程可以提供一个基础的诊断思路,并适用于所有车辆的诊断。针对每种诊断情况遵循一种类似的方案,可最大限度地提高车辆的诊断和修理效率。

"基本故障诊断策略"是具体故障诊断思路的一个基本原则,但在实际维修诊断过程中,不一定需要严格遵循这样的诊断思路,因为具体维修诊断中,有些步骤凭借个人的经验和之前的维修经历,可以直接给出正确的答案,没有必要再浪费时间重复步骤去验证。

但是,针对很多初学的技术人员来说,该诊断策略可以帮助其建立一个正确的诊断思路,为日后进一步提升诊断能力打下基础。

新能源汽车的基本故障诊断策略基本流程如图1.2.1所示。

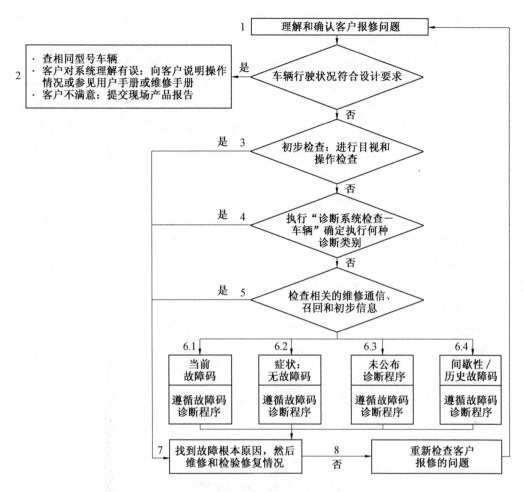

图 1.2.1　基本故障诊断策略基本流程

第一步,理解并确认客户报修问题。诊断策略的第一步是尽可能多地了解客户情况。例如,这个故障显现是何时出现?何处出现该状况?该状况持续了多长时间?该状况多久发生一次?为了确认客户报修问题,必须首先熟悉系统的正常工作情况。

第二步,确认车辆行驶状况。车辆正常运行时,存在该情况,那么客户描述的故障情况可能属于正常情况。在与客户描述情况相同的条件下,与操作正常的类似车辆进行比较,如果其他车辆存在类似情况,那么这可能是车辆的设计原因。

第三步,预检并进行全面的目视检查,包括:

(1) 对车辆进行外观全面检查。

(2) 检测是否有异常的响声或异味。

(3) 采集故障码(DTC)信息,以便进行有效的修理。

第四步,执行系统化的车辆诊断与检查。通过预检获取的信息,针对故障区域进行系统化的诊断和确认,确认系统工作是否正常,并确定执行何种诊断类别。

第五步,查询或检索相关的案例信息,查阅已有案例信息,确定是否之前已有这样的故障维修案例,这样可以最大限度缩短后期维修和诊断的时间。

第六步,诊断类别。

(1) 针对当前故障码:按照指定的故障码诊断以进行有效的诊断和维修。

(2) 针对无故障码:选择合适的症状诊断程序,按照症状诊断思路和步骤诊断、维修。

(3) 针对未公布的诊断程序:分析问题,制订诊断方案。从维修手册中查看故障系统的电源、搭铁、输入和输出电路,确定接头和其他多条电路相连接的部位。查看部件的位置,确认部件、连接器或线束是否暴露在极端温度或湿度环境,以及是否会接触到其他具有腐蚀性的蓄电池酸液或其他油液。

(4) 针对间歇性/历史故障码:间歇性故障是一种不连续出现、很难重现,且只在条件符合时发生的故障。一般情况下,间歇性故障是由电气连接器和线束故障、部件故障、电磁/无线电频率干扰、行驶状况导致的。以下方法或工具有利于定位和修理间歇性故障或历史故障码:

① 结合专业知识和可用的维修信息。

② 判断客户描述的症状和状况。

③ 使用带数据捕获(数据流读取)功能的故障诊断仪、数字式万用表。

第七步,找到故障根本原因再修理并检验修复情况:找到故障根本原因后,进行修理并检验是否正确操作。确认故障诊断码或症状已消除。

第八步,重新检查客户报修问题:如果未能找到问题所在,必要时重新检查,重新确认客户报修问题。

(四) 新能源汽车主要指示灯/警告灯

1. 新能源汽车主要指示灯/警告灯(如表 1.2.1)

表 1.2.1　EV160/200 仪表指示灯

序号	名称	显示位置	符号	颜色	显示文字	点亮条件	建议处理方式
1	安全带未系	表盘		红色	请系安全带	当车辆处于 ON 状态,驾驶员安全带未系或者乘客安全带未系且乘客座有人或重物时	—
2	安全气囊	表盘		红色	—	当车辆处于 ON 状态,且安全气囊发生故障时	请检查安全气囊模块
3	车身防盗	表盘		红色	—	车身防盗开启后	—
4	蓄电池报警灯	显示屏		红色	蓄电池故障	蓄电池电压高/低故障或 DC/DC 故障	
5	门开报警	表盘		红色	—	驾座门/乘客门/行李箱任意门开时	—

续表1.2.1

序号	名称	显示位置	符号	颜色	显示文字	点亮条件	建议处理方式
6	ABS	表盘		黄色	—	车辆ABS系统发生故障时	—
7	前雾灯	表盘		绿色	—	前雾灯打开	—
8	后雾灯	表盘		黄色	—	后雾灯打开	—
9	前照灯远光	表盘		蓝色	—	远光灯打开	—
10	左转向	表盘		绿色	—	左转向打开	—
11	右转向	表盘		绿色	—		—
12	EBD	表盘		红色	EBD故障	车辆EBD系统发生故障时	—
	制动液位				请添加制动液	车辆制动液位低时	添加制动液
13	制动系统故障				制动系统故障	车辆制动系统发生故障时	—
14	手刹制动	表盘		红色		手刹拉起时	—
15	充电提示灯	显示屏		黄色	请尽快进行充电	充电提醒:电量小于30%时指示灯点亮;在电量低于5%时,提示"请尽快充电"	—
16	系统故障	显示屏		红色	—	仪表与整车失去通信时,指示灯持续闪烁;车辆出现一级故障时,指示灯持续点亮	
				黄色	—	车辆出现二级故障时,指示灯持续点亮	
17	充电提示灯	表盘		红色	请连接充电枪	充电枪线缆接触不好时,显示"请连接充电枪"	

续表 1.2.1

序号	名称	显示位置	符号	颜色	显示文字	点亮条件	建议处理方式
18	READY 指示灯	显示屏	READY	绿色	—	车辆准备就绪时	—
19	跛行指示灯	显示屏		红色	车辆进入跛行状态	加速踏板故障时	—
20	EPS 故障	显示屏		黄色	EPS 系统故障	EPS 系统发生故障时	—
21	挡位故障	显示屏	N	—	—	挡位故障触发后,当前挡位持续闪烁	—
22	电机冷却液温度过高	显示屏		红色	电机冷却液温度过高	当电机或电机控制器温度过高而引起冷却液温度过高时	—
23	电机转速过高	文字提示区域	—	—	电机转速高	当电机转速过高时	—
24	请尽快离开车内	文字提示区域	—	—	请尽快离开车内	当遇到电池严重故障时	—
25	动力电池断开	显示屏		黄色	—	当车辆动力电池断开时	—
26	动力电池故障	显示屏		红色	动力电池故障	当车辆动力电池发生故障时	—
27	示廓灯	盘表		绿色	—	当示廓灯打开时	—
28	绝缘故障	文字提示区域	—	—	绝缘故障	当车辆发生绝缘系统故障时	—
29	驱动电机系统故障	文字提示区域	—	—	驱动电机系统故障	当车辆驱动电机系统发生故障时	—
30	车身控制模块故障	文字提示区域	—	—	车身控制模块故障	当车辆车身控制模块发生故障时	—

2. 纯电动汽车主要指示灯/警告灯(如表 1.2.2)

表 1.2.2　纯电动汽车主要指示灯/警告灯(具"＊"号的指示标记是保养提示灯)

图标	名称	图标	名称
	驻车制动故障警告灯＊		ESP OFF 警告灯(装有时)
	驾驶员座椅安全带指示灯＊		防盗指示灯
	充电系统警告灯＊		主告警指示灯＊
	前雾灯指示灯	ECO	ECO 指示灯(装有时)
	后雾灯指示灯		动力电池电量低警告灯
	智能钥匙系统警告灯＊		动力电池故障警告灯＊
ABS	ABS 故障警告灯＊		胎压故障警告灯(装有时)＊
	电机冷却液温度过高警告灯	(P)	电子驻车状态指示灯
	ESP 故障警告灯(装有时)＊	OK	OK 指示灯
	车门状态指示灯＊		动力系统故障警告灯＊
	SRS 故障警告灯＊		动力电池过热警告灯＊
	EPS 故障指示灯		动力电池充电连接指示灯
	小灯指示灯		巡航主指示灯(装有时)
	远光灯指示灯	SET	巡航控制指示灯(装有时)
	转向指示灯		

如果指示器发亮或蜂鸣器鸣响,应对措施如表1.2.3所示。

表1.2.3　纯电动汽车如果指示器发亮或蜂鸣器鸣响应对措施

指示灯		应对措施
1		驻车制动故障警告灯 可能存在的情况:制动液位低、制动系统故障、电子驻车系统故障、真空泵故障 立即停车并建议与汽车授权服务店联系
2		驾驶员座椅安全带指示灯 驾驶员应系上安全带
3		充电系统警告灯 立即停车并建议与汽车授权服务店联系
4		智能钥匙系统警告灯 检查钥匙是否在车内或是否电池电量低
5		ABS故障警告灯 建议将车辆送到汽车授权服务店进行检查。如果此时驻车制动故障警告灯点亮,应立即停车并与汽车授权服务店联系
6		SRS故障警告灯 建议将车辆送到汽车授权服务进行检查
7		EPS故障警告灯 该警告灯常亮时,建议将车辆送到汽车授权服务店进行检查
8		胎压故障警告灯(装有时) 该警告灯常亮或闪烁时,建议将车辆送到汽车授权服务店进行检查
9		ESP故障警告灯(装有时) 该警告灯常亮时,建议将车辆送到汽车授权服务店进行检查 该警告灯闪烁时,ESP系统工作正常
10		ESP OFF警告灯(装有时) 如果ESP OFF警告灯点亮时,在紧急转弯以及躲避突然出现的障碍物时,驾驶员务必提高警惕并保持低速行驶
11		电子驻车状态指示灯 表示电子驻车已启动
12		车门状态指示灯 检查并确认所有车门均已关闭
13		动力系统故障警告灯 该警告灯常亮时,建议将车辆送到汽车授权服务店进行检查

续表1.2.3

	指示灯	应对措施
14		电机冷却液温度过高警告灯 常亮时表示温度过高,请停车冷却车辆;闪烁时表示冷却液液位低,请及时添加冷却液
15		动力电池过热警告灯 该警告灯点亮时应停车使电池冷却
16		动力电池故障警告灯 该警告灯常亮时,建议将车辆送到汽车授权服务店进行检查
17		动力电池电量低警告灯 该警告灯常亮时,请及时给车辆进行充电
18		主告警指示灯 应注意信息显示屏的提示信息

3.吉利纯电动汽车主要指示灯/警告灯(如表1.2.4)

表1.2.4 吉利纯电动汽车主要指示灯/警告灯

灯符号	指示灯	颜色
	左转向指示灯	绿色
	右转向指示灯	绿色
	远光灯指示灯	蓝色
	日间行车指示灯	绿色
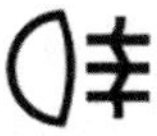	后雾灯指示灯	黄色
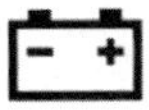	蓄电池充放电指示灯	红色
	制动系统故障指示灯	红色

续表 1.2.4

灯符号	指示灯	颜色
(P)	驻车制动指示灯	红色
(ABS)	ABS 故障指示灯	黄色
EBD	EBD 故障指示灯	黄色
	驾驶员安全带未系报警指示灯	红色
	安全气囊故障指示灯	红色
	胎压异常指示灯	黄色
	电子稳定控制系统故障灯	黄色
OFF	电子稳定控制系统关闭指示灯	黄色
EPS	电动助力转向系统故障灯	黄色
	巡航指示灯	绿色
	动力电池充电指示灯	黄色
	系统故障指示灯	红色
	充电线连接指示灯	红色

续表 1.2.4

灯符号	指示灯	颜色
READY	运行准备就绪指示灯	绿色
ECO	ECO 指示灯	黄色
SPORT	SPORT 指示灯	黄色
	电机及控制器过热指示灯	红色
	功率限制指示灯	黄色
	减速器故障指示灯	红色
	驻车系统故障指示灯	黄色
	动力电池故障灯	红色
	小灯(位置灯)	绿色
	保养提示指示灯	黄色
OFF	AVAS 开闭状态指示灯	黄色
	电池电量	电池电量低:红色
里程小计A:0.0 km	小计里程	白色

续表1.2.4

灯符号	指示灯	颜色
ODO 000356km	总计里程	白色
P	挡位显示	白色
续航里程 150 km	续航里程	白色
平均电耗 19.9 kw·h/100 km	平均电耗	白色
瞬时电耗 19.9 kw·h/100 km	瞬时电耗	白色
室外 -20 ℃	室外温度显示	白色
12:20	时间显示	白色
	功率表	负功率：绿色 正功率：蓝色
	车速表	蓝色

四、任务实施

（一）准备工作

吉利EV450纯电动汽车或其他纯电动汽车、跨接线（T形线）、万用表、道通诊断仪或其他诊断仪、绝缘测试仪、绝缘胶布、绝缘工具、工位防护套装、个人安全防护套装、车内三件套、车外三件套、抹布等。

（二）故障设置

可以随机设置简单故障。

（三）新能源汽车故障诊断与排除流程分析

1. 问诊

内容有：

① _____。

② _____。

③ _____。

④ _____。

⑤ _____。

⑥ _____。

2. 填写车辆信息

作业项目	作业内容
整车型号	
工作电压	
车辆识别代码	
电机型号	
里程表读数	

3. 故障确认

故障现象记录：

① _____。

② _____。

③ _____。

（1）初步检查（包括目视）。

检查的内容有：

① _____。

② _____。

③ _____。

④ _____。

⑤ _____。

（2）采集故障码及数据流等信息。

步骤及内容记录：

① _____。

② _____。

③ _____。

④ _____。

⑤ _____。

（3）检测与故障排除。

（4）故障排除验证。

五、评价与反馈

学习任务评价表

小组　　　　　　学号　　　　　　姓名

项目内容	主要测评项目	自评			
		A	B	C	D
关键能力总结	1. 了解故障诊断的方法。 2. 了解故障诊断的流程。 3. 了解工具设备并掌握使用方法。 4. 学习态度积极主动，按时参加安排的实践活动。 5. 了解新能源汽车基本故障诊断基本流程				
专业知识与能力总结	1. 了解新能源汽车故障诊断方法。 2. 了解新能源汽车故障诊断基本原则。 3. 了解新能源汽车基本故障诊断基本流程。 4. 工作严谨，规范操作。 5. 学会总结，为下次训练积累经验。 6. 团结协作，工作细致认真				
知识点掌握情况	A 我很自信	B 掌握75%	C 掌握50%	D 掌握25%	E 完全没理解	

自我评价	
小组评价	
教师评价	总评成绩

项目二　　动力蓄电池故障诊断与排除

任务一　　电池模组故障诊断与排除

一、任务引入

电池模组是汽车动力蓄电池系统的重要组成部分,那么当电池模组发生故障时,我们该如何对其进行故障诊断与排除呢?

二、任务要求

知识要求:
1. 了解动力蓄电池系统的结构。
2. 了解动力蓄电池的工作原理。
3. 能够进行电池模组故障诊断与排除分析。

技能要求:
1. 了解动力蓄电池的结构和工作原理。
2. 能对电池模组进行故障诊断与排除分析。

职业素养要求:
1. 严格遵守安全操作规范。
2. 保护设备安全完好,无损坏。
3. 团结合作,培养协作精神。

三、相关知识

(一) 动力蓄电池系统的结构

1. 动力蓄电池模组

动力蓄电池系统主要由动力蓄电池模组、蓄电池管理系统、动力蓄电池箱及辅助元器件等四部分组成。如图 2.1.1 所示。

(a) 动力蓄电池模组

(b) 电池管理系统

(c) 动力蓄电池箱体
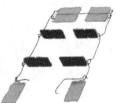
(d) 辅助加热装置

图 2.1.1　EV160/200 纯电动汽车动力蓄电池系统

电池单体是构成动力蓄电池模块的最小单元,一般由正极、负极、电解质及外壳等构成,实现电能与化学能之间的直接转换。

电池模块是一组并联的电池单体的组合,该组合的额定电压与电池单体的额定电压相等,是电池单体在物理结构和电路上连接起来的最小分组,可作为一个单元替换。

动力蓄电池模组则是由多个电池模块或单体电芯串联组成的一个组合体。

需要指出的是有的车型动力蓄电池模组采用的是先串联后并联的形式,构成一个模组。

蓄电池模组连接方式如图 2.1.2 所示。

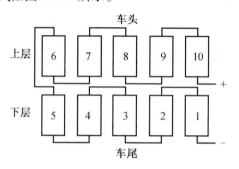

图 2.1.2 蓄电池模组连接方式

2. 蓄电池管理系统

蓄电池管理系统是监视蓄电池的状态(温度、电压、荷电状态等),可以为蓄电池提供通信、安全、电芯均衡及管理控制,并提供与应用设备通信接口的设备。

蓄电池管理系统主要通过电压、电流及温度检测等功能实现对动力蓄电池系统的各种控制、保护、故障报警及处理、与其他控制器通信功能等操作,保证电池安全可靠的使用,充分发挥电池的能力和延长使用寿命。

3. 动力蓄电池箱体

动力蓄电池箱体通常安装在车身底盘下方,有承载及保护动力蓄电池组及电气元件的作用,制造材料通常包括具有绝缘作用的玻璃钢和高硬度耐磨的钢等。由于汽车的运行环境多变,因此动力蓄电池箱散热、防水、绝缘等安全设计的要求很高。例如 EV160/200 电池箱体的防护等级为 IP67。

4. 辅助元器件

辅助元器件主要包括动力蓄电池系统内部的电子电器元件(如熔断器、接触器、分流器、接插件、紧急开关、烟雾传感器等)、维修开关以及电子电器元件以外的辅助元器件(如密封条、绝缘材料等)。

(1) 电流传感器。

电流传感器用来监测充、放电电流的大小,如图 2.1.3 所示。该电流传感器是一个霍尔式电流传感器。

图2.1.3　电流传感器

霍尔元件是一种采用半导体材料制成的磁电转换器件，其原理如图2.1.4所示。霍尔电势U_H的大小和控制电流I_C、磁通密度B的乘积呈正比，通过测量霍尔电势的大小，可以间接测量载流导体电流的大小。

（2）维修开关。

电动汽车所用的大多是高于300 V的高压电，如果电路出现过载或短路，容易引起电气元件的损坏，如果操作不当，

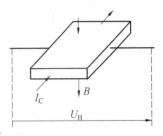

图2.1.4　霍尔元件原理图

更易酿成电击危险。维修开关安装在电路大电流主干线上，通常位于动力蓄电池组箱体的中间位置，如图2.1.5所示。

维修开关是保证电动汽车高压电气安全的关键部件，在紧急情况或进行高压系统、动力蓄电池维护维修保养等操作时，应将其断开，以保障维修人员的安全。

（3）熔断器。

熔断器是为了保护高压系统的安全，当高压系统出现短路时，熔断器将会断开，维修开关内装有电压500 V（250 A）熔断器，如图2.1.6所示。

图2.1.5　维修开关

图2.1.6　维修开关
1—熔断器

（4）加热接触器和加热熔断器。

加热接触器和加热熔断器用于动力蓄电池热管理系统。加热熔断器与加热膜串接在

一起,加热接触器受 BMS 控制,在温度低于设定值时接通,对动力蓄电池系统进行加热,如图 2.1.7 所示。

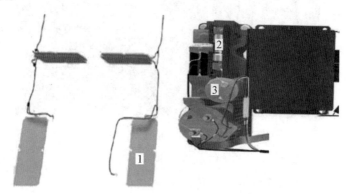

图 2.1.7　加热接触器和加热熔断器

1— 加热膜片;2— 加热熔断器;3— 加热接触器

(5) 接触器集成器。

有的把接触器叫继电器。接触器集成器将高压正极接触器、高压负极接触器、预充电接触器和预充电阻进行了集成,如图 2.1.8 所示。

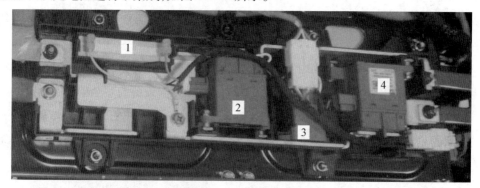

图 2.1.8　接触器集成器

1— 预充电阻;2— 高压正极接触器;3— 预充电接触器;4— 高压负极接触器

高压正极和负极接触器为主接触器,控制回路的通断。

预充电接触器和预充电阻受 BMS 控制闭合和断开,在充放电初期闭合进行预充电,当预充完成后断开。

(二) 新能源 EV200 高压电路工作原理

新能源 EV200 动力蓄电池系统使用可靠的高压接插件与高压控制盒相连,动力蓄电池模组输出的直流电由电机控制器转变为三相交流高压电,驱动电机工作;系统内的 BMS 则实时采集各电芯的电压、各温度传感器的温度值、电池系统的总电压值和总电流值等数据,实时监控动力蓄电池的工作状态,并通过 CAN 线与 VCU 或充电机之间进行通信,对动力蓄电池系统进行充放电等综合管理。

以新能源 EV200 的动力蓄电池系统为例,其动力蓄电池系统的内部电路工作原理如图 2.1.9 所示。

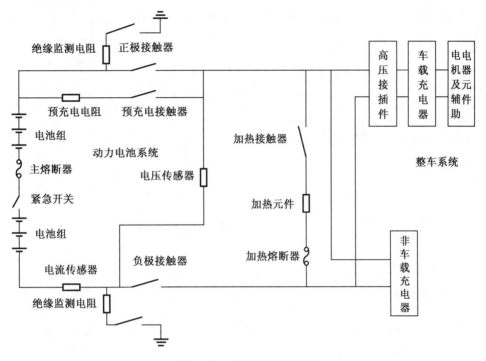

图 2.1.9　高压电路工作原理

一般来说,纯电动汽车设置有维修开关(紧急开关),断开维修开关才可对纯电动汽车进行维修。EV200 维修开关(图 2.1.10)在后排座椅下方,需要拆除后排座椅和地板胶才能看见,维修开关内有 250 A 熔断器。

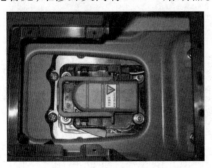 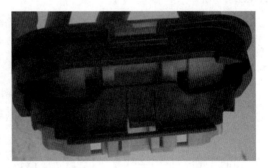

图 2.1.10　EV200 维修开关

1. 动力蓄电池内部充电原理

(1) 充电之前加热。

当充电初期,动力蓄电池的从控盒监测到每个动力蓄电池组的温度,并反馈给主控盒。主控盒接收来自从控盒反馈的实时温度,并计算出最大值与最小值,当监测到电芯温度低于设定值时,主控盒控制加热接触器闭合,通过加热元件、加热熔断器接通电路,进行加热。

途径路线：

慢充时：充电桩—车载充电机—高压插接件—加热接触器—加热元件—加热熔断器—高压插接件—车载充电机—充电桩，构成充电回路，进行加热，如图2.1.11所示。

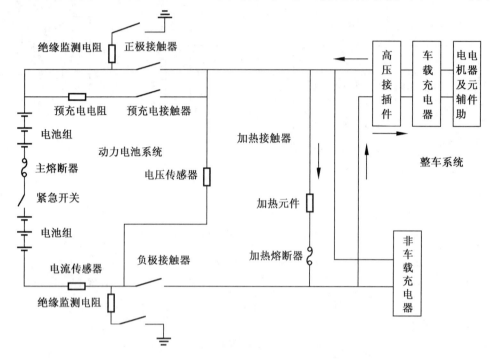

图 2.1.11 动力蓄电池内部充电原理

快充时：非车载充电机—加热接触器(接触器)—加热元件—加热熔断器，构成充电回路，进行加热。

注意：有的动力蓄电池组没有设置加热接触器、加热元件和加热熔断器。

(2) 充电初期预充电。

在充电初期，整车控制器唤醒BMS，BMS进行自检和初始化，完成后上报给整车控制器。整车控制器控制负极接触器闭合，BMS控制预充接触器闭合，对各单体电芯进行预充电，确定单体电芯无短路后，BMS将断开预充接触器，预充完成。

途径路线：

慢充时：充电桩—车载充电机—高压插接件—预充接触器—预充电阻—动力蓄电池组—主熔断器—紧急开关(维修开关)—动力蓄电池组—电流传感器—负极接触器—高压插接件—车载充电机—充电桩，构成回路，进行预充，如图2.1.12所示。

快充时：非车载充电机—预充接触器—预充电阻—动力蓄电池组—主熔断器—紧急开关—动力蓄电池组—电流传感器—负极接触器—非车载充电机，构成回路，进行预充。

(3) 充电。

预充电完成之后，BMS断开预充接触器，闭合正极接触器，对动力蓄电池组进行充电。

项目二 动力蓄电池故障诊断与排除

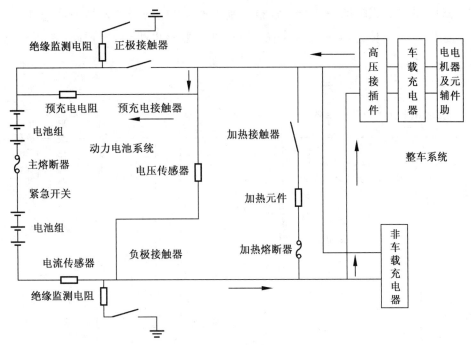

图 2.1.12 动力蓄电池预充

途径路线：

慢充时：充电桩—车载充电机—高压插接件—正极接触器—动力蓄电池组—主熔断器—紧急开关—动力蓄电池组—电流传感器—负极接触器—高压插接件—车载充电机—充电桩，构成回路，进行慢充，如图 2.1.13 所示。

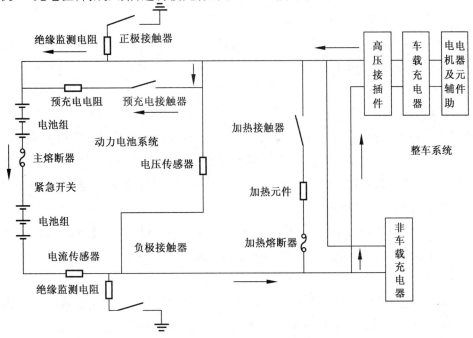

图 2.1.13 动力蓄电池慢充

快充时:非车载充电机—正极接触器—动力蓄电池组—主熔断器—紧急开关—动力蓄电池组—电流传感器—负极接触器—非车载充电机,构成回路,进行快充,如图2.1.14所示。

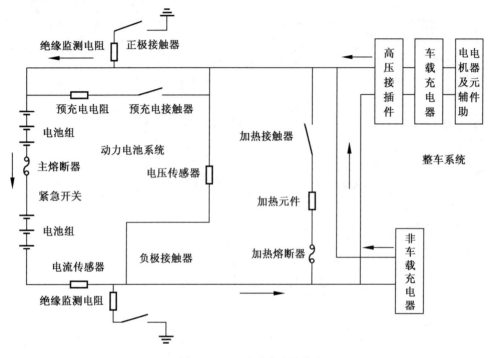

图2.1.14　动力蓄电池快充

2. 动力蓄电池内部放电原理

BMS被整车控制器唤醒后即进行自检和初始化,完成后上报回整车控制器。随后BMS根据整车控制器发出的高压供电指令,开始按顺序控制接触器的闭合和断开,进入放电状态。

（1）放电初期预充。

由于电路中电机控制器和空调压缩机控制器等含有电容,如果用电容 C 表示此时控制器电容,如图2.1.15所示,当主正、负接触器直接与电容 C 闭合,此时电池组为几百伏的高压电,电容 C 两端电压接近0,负载电阻仅仅是导线及接触器触点电阻,相当于瞬间短路,主正、负接触器很容易烧坏。

因此在放电模式初期,BMS先控制预充接触器闭合,用低压、小电流向各控制器电容预充电,当电容两端电压接近动力蓄电池总电压时,断开预充接触器。

途径路线:

动力蓄电池组正极—紧急开关—主熔断器—电池组正极—预充电阻—预充接触器—高压插接件—车载充电机—电机及辅助电器元件—车载充电机—高压插接件—负极接触器—电流传感器—动力蓄电池组负极,构成回路,完成预充。

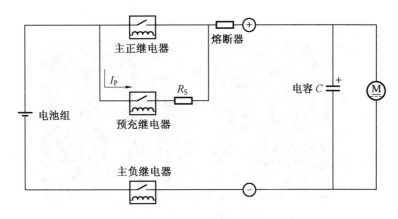

图 2.1.15　预充电回路

（2）放电。

预充完成之后,BMS 断开预充接触器,并闭合主正接触器,动力蓄电池组进行放电。途径路线：

动力蓄电池组 — 紧急开关 — 主熔断器 — 动力蓄电池组正极 — 主正接触器 — 高压插接件 — 车载充电机 — 电机及辅助电器元件 — 车载充电机 — 高压插接件 — 主负接触器 — 电流传感器 — 动力蓄电池组负极,构成回路,完成放电。

3. 绝缘监测

动力蓄电池 BMS 具有高压回路绝缘监测功能,监测动力蓄电池组与箱体、车体等之间的绝缘状况。

（三）吉利 EV450 动力蓄电池的结构与工作原理

1. 概述

吉利 EV450 动力蓄电池（如图 2.1.16）采用三元锂电池（Lithium Ion Battery）,以钴酸锂、锰酸锂或镍酸锂等化合物为正极,以可嵌入锂离子的碳材料为负极,使用有机电解质。动力蓄电池总成安装在车体下部,动力蓄电池的组成部件包括:各模组总成、CSC 采集系统、电池控制单元（BMU）、电池高压分配单元（B-BOX 或 S-BOX）等部件。电池管理系统 BMS（Battery Management System）,能够对动力蓄电池组总电压、总电流、每个测点温度和电池单体的电压参数进行实时监控,并进行故障诊断、SOC（剩余电量比）计算、短路保护、漏电监测、报警显示、充放电模式选择等。BMS 可以将动力蓄电池相关参数上报 VCU,由 VCU 控制动力蓄电池的充电和放电功率。当动力蓄电池温度低于 -20 ℃ 时,动力蓄电池无法充电。此时需通过交流充电的方法使空调工作并对动力蓄电池进行加热,当动力蓄电池温度达到 -20 ~ 55 ℃ 正常工作温度时,系统切换到正常交流充电流程。电池组额定电压 346 V,峰值功率 150 kW,持续 10 s,额定功率为 50 kW,电池组工作电压范围 266 ~ 408.5 V。

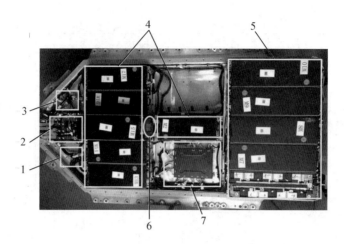

图2.1.16 吉利EV450动力蓄电池

1—出水口;2—B-BOX;3—进水口;4—1P5S电池模组(7组);
5—1P6S电池模组(10组);6—主熔断器;7—BMU

2.电池单体(Cell)

电池单体是直接将化学能转化为电能的基本单元装置,包括电极、隔膜、电解质、外壳和端子,并被设计成可充电。

3.电池模组(Module)

将一个以上电池单体按照串联、并联或串并联方式组合,且只有一对正负极输出端子,并作为电源使用的组合体。吉利EV450共有17个模组(如图2.1.17),其中有10组是1P6S(1个并联6个串联),7组是1P5S(1个并联5个串联)。

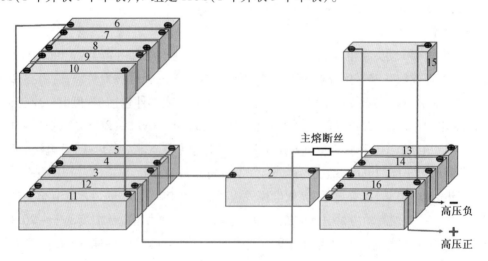

图2.1.17 电池模组连接方式

4.CSC采集系统

每一个电池单元有多个CSC采集系统,以监测其中每个电池单体或电池组单体电压、温度信息。温度的检测是由装在模组上温度传感器(一般来说每个模组上装有2～3

个温度传感器)进行的,电压传感器监测着每个单体电池的电压。CSC 采集系统将相关信息上报电池控制单元(BMU)并根据 BMU 的指令执行单体电压均衡,图 2.1.18 是模组 CSC 采集系统。

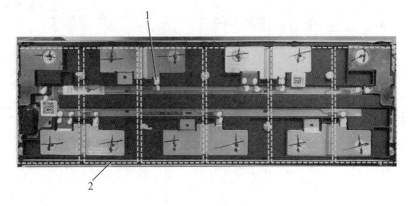

图 2.1.18　电池模组 CSC 采集系统
1—单体电池熔断器;2—单体电池

5.电池控制单元(BMU)

安装于动力蓄电池总成内部,是电池管理系统核心部件,电池控制单元(BMU)将单体电压、电流、温度及整车高压绝缘等信息上报整车控制器(VCU)并根据 VCU 的指令完成对动力蓄电池的控制。

6.电池高压分配单元

安装在动力蓄电池总成的正负极输出端,由高压正极继电器(有的把接触器叫继电器)、高压负极继电器、预充继电器、电流传感器和预充电阻等组成,如图 2.1.19 和图 2.1.20 所示。

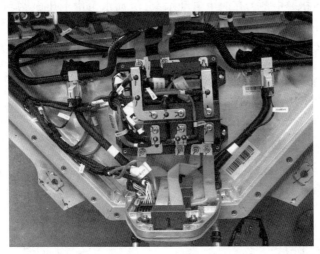

图 2.1.19　电池高压分配单元实物图

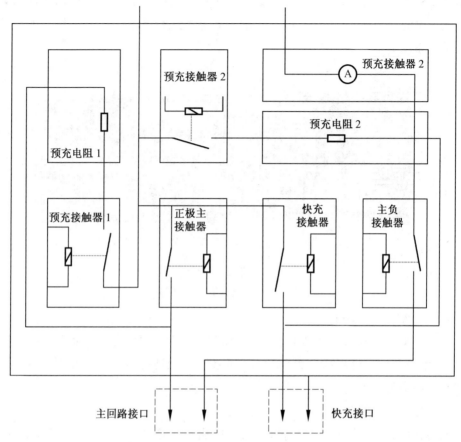

图 2.1.20 电池高压分配单元示意图

7. 冷却系统

冷却系统(电机/电池)有两个电动水泵,电动水泵由低压电路驱动,为冷却液的循环提供压力。在电动水泵的驱动下冷却液在管路中的流向如图 2.1.21 所示。

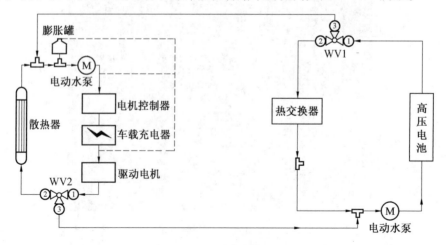

图 2.1.21 冷却系统流向

动力蓄电池的冷却系统布置形式如图 2.1.22 所示。

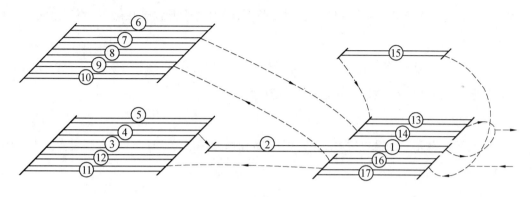

图 2.1.22　动力蓄电池冷却系统布置形式

8. 动力蓄电池高压工作原理（如图 2.1.23）

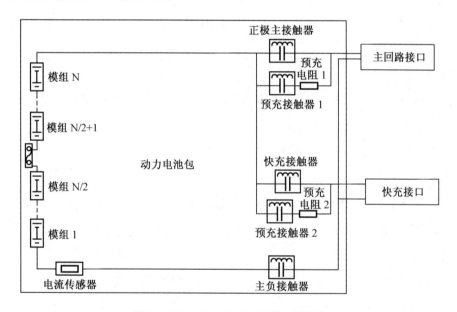

图 2.1.23　动力蓄电池高压工作原理

（1）动力蓄电池内部充电原理。

① 充电初期预充电。

a. 慢充充电初期预充电。在充电初期，BMS 控制负极接触器和预充接触器 1 闭合，对各单体电芯进行预充电，确定单体电芯无短路后，BMS 将断开预充接触器，预充完成。

途径路线：

主回路正极—预充电阻 1—预充接触器 1—电池模组—主熔断器—电池模组—主负接触器—主回路负极，构成回路，进行预充。

b. 快充充电初期预充电。在充电初期，BMS控制负极接触器和预充接触器2闭合，对各单体电芯进行预充电，确定单体电芯无短路后，BMS将断开预充接触器，预充完成。

途径路线：

快充接口正极 — 预充电阻2— 预充接触器2— 电池模组 — 主熔断器 — 电池模组 — 主负接触器 — 快充接口负极，构成回路，进行预充。

② 充电。

a. 慢充。慢充的预充电完成之后，BMS断开预充接触器1，闭合正极接触器，对动力蓄电池组进行充电。

途径路线：

主回路正极 — 正极主接触器 — 电池模组 — 主熔断器 — 电池模组 — 主负接触器 — 主回路负极，构成回路，进行慢充。

b. 快充。快充的预充电完成之后，BMS断开预充接触器2，闭合快充接触器，对动力蓄电池组进行充电。

途径路线：

快充接口正极 — 快充接触器 — 电池模组 — 主熔断器 — 电池模组 — 主负接触器 — 快充接口负极，构成回路，进行预充。

（2）动力蓄电池内部放电原理。

① 放电初期预充。

在放电模式初期，BMS先控制预充接触器1闭合，用低压、小电流向各控制器电容预充电，当电容两端电压接近动力蓄电池总电压时，断开预充接触器。

途径路线：

动力蓄电池组正极 — 预充接触器1— 预充电阻1— 主回路 — 主负接触器 — 动力蓄电池负极，构成回路，完成预充。

② 放电。

预充完成之后，BMS断开预充接触器1，并闭合正接触器，动力蓄电池组进行放电。

途径路线：

动力蓄电池组正极 — 正极接触器 — 主回路 — 主负接触器 — 动力蓄电池负极，构成回路，完成放电。

（四）电池模组故障诊断与排除分析

1. 故障现象

动力电池是电动汽车最重要的部件之一。动力电池产生故障时通过点亮故障警告灯的方式警告驾驶人,当警告灯点亮时,车辆"READY"或"OK"灯不能点亮,车辆也无法行驶,动力电池故障警告灯及其含义如表2.1.1所示。

表 2.1.1　动力电池故障警告灯及其含义

序号	名称	显示位置	符号	颜色	显示文字	点亮条件
1	充电提示灯	显示屏		黄色	请尽快进行充电	充电提醒:电量小于30%时指示灯点亮; 在电量低于5%时,提示"请尽快充电"
2	动力电池断开	显示屏		黄色	—	当车辆动力电池断开时
3	动力电池故障警告灯	显示屏		红色	动力电池故障	当车辆动力电池发生故障时
4	动力电池过热警告灯	显示屏		红色	—	

2. 故障原因分析

发生动力电池故障时,可通过常见故障警告灯代表的含义来初步分析判断故障点。

(1) 充电提示灯点亮。

充电提醒:当电池电量小于30%时指示灯点亮,进行充电提醒;在电量低于5%时,提示"请尽快充电"。

(2) 动力电池断开警告灯点亮。

当车辆动力电池断开时,动力电池断开警告灯点亮。可能的故障原因有动力电池母线未连接好、动力电池接触器断开、动力电池高压保险丝断开等。

(3) 动力电池故障警告灯点亮。

动力电池的故障。

(4) 动力电池过热警告灯点亮。

可能的故障原因有动力电池单体过热、模组电池过热、动力电池温度传感器及其线束故障、动力电池冷却系统故障等。

3. 故障检测

根据故障灯含义,得知上述故障属于动力电池内部故障,通过诊断仪进入动力电池系统,读取故障码,根据故障码按照维修手册和电路图进行故障检测和排除。

因为涉及动力电池内部高压电路。故障排除前必须进行维修场地的隔离，维修人员和监护人员穿戴绝缘手套、护目镜和绝缘鞋，防止故障排除操作中产生触电事故。根据高压电安全操作规程操作。

动力电池一般有以下故障：

① 动力电池外部防护出现渗水，绝缘电阻降低。

② 内部电池单体电压偏差过大。

③ 内部总正、总负接触器、预充电继电器和预充电电阻损坏。

④ 内部高压连接端子接触不良，接触电阻大，内部温度升高。

四、任务实施

（一）准备工作

吉利 EV450 纯电动汽车或其他纯电动汽车、跨接线（T形线）、万用表、道通诊断仪或其他诊断仪、绝缘测试仪、绝缘胶布、绝缘工具、工位防护套装、个人安全防护套装、车内三件套、车外三件套、抹布等。

（二）故障设置

可以从以下故障点选取。

电机控制器至车载充电机间高压互锁连接线路断路、虚接、短路故障，互锁线路对地短路、电机控制器内部互锁断路（开盖保护安装不到位或缺失）等。

（三）故障诊断与排除过程并记录

1. 填写车辆信息（如表 2.1.2）

表 2.1.2　车辆信息

作业项目	作业内容
整车型号	
工作电压	
车辆识别代码	
电机型号	
里程表读数	

2. 故障点诊断与排除过程(如表2.1.3)

表2.1.3　故障点诊断与排除过程

作业项目	作业内容				备注
故障现象确认					※ 确认故障症状并记录症状现象
模块通信状态及故障码检查					
正确读取数据	项目	数值	单位	判断	※ 如果无相关数据则无须填写
清除故障码并再次读取	确认故障码是否再次出现,并填写结果 □ 无 DTC □ 有 DTC				
确定故障范围	结合仪表现象、诊断数据和电路图分析,最有可能的故障范围:				
基本检查	线路/连接器外观及连接情况 □ 正常　□ 不正常＿＿＿＿＿＿＿＿＿ 零件安装等 □ 正常　□ 不正常＿＿＿＿＿＿＿＿＿				※ 不拆装
部件/电路测试	部件/线路范围	检查或测试后的判断结果			※ 注明测试条件、插件代码和编号,控制单元针脚代号以及测量结果
		□ 正常		□ 不正常	
		□ 正常		□ 不正常	
		□ 正常		□ 不正常	
		□ 正常		□ 不正常	
	波形采集(不用者不填)	□ 正常		□ 不正常	
故障部位确认和排除	故障类型	确认的故障位置		排除处理说明	
	线路故障			□ 更换 □ 维修 □ 调整	
	元件故障			□ 更换 □ 维修 □ 调整	

3. 最终维修结果确认(如表2.1.4)

表2.1.4　最终维修结果确认

作业项目	作业内容				备注
维修后故障代码读取,并填写读取结果					
与原故障相关数据检查结果	项目	数值	单位	判断	※ 表中项目检查有内容时填写检查结果,如果没有时填写"无"
维修后的功能操作确认并填写结果					

五、评价与反馈

学习任务评价表

小组　　　　　学号　　　　　姓名

项目内容	主要测评项目	自评			
		A	B	C	D
关键能力总结	1. 仪容仪表符合学习活动要求规范。 2. 遵守纪律，服从规定，听从安排。 3. 学习态度端正，积极主动参加实践活动。 4. 具有安全责任意识，6S管理意识，注重节约、环保。 5. 具有团队合作意识，注重沟通				
专业知识与能力总结	1. 了解动力蓄电池系统的结构。 2. 了解蓄电池的工作原理。 3. 能够进行电池模组故障诊断与排除分析。 4. 能够正确使用高压防护工具、维修工具和检测工具				
自我评价					
小组评价					
教师评价		总评成绩			

任务二　BMS 故障诊断与排除

一、任务引入

动力蓄电池系统发生故障,发现是由于 BMS 模块故障引起的,那么我们该如何对 BMS 模块进行故障诊断与排除?

二、任务要求

知识要求:
1. 蓄电池管理系统的组成及主要功能。
2. 会分析电池管理系统电路图。

技能要求:
1. 能够进行电池管理系统故障诊断与排除分析。
2. 能看懂电池管理系统电路图并能够进行分析。

职业素养要求:
1. 能严格遵守新能源汽车维修作业规范。
2. 严格执行 6S 现场管理。
3. 保证工作场所清洁。

三、相关知识

(一)蓄电池管理系统的主要功能

蓄电池管理系统 BMS(Battery Management System)是监视蓄电池的状态(温度、电压、荷电状态等),可以为蓄电池提供通信、安全、电芯均衡及管理控制,并提供与应用设备通信接口的设备。

蓄电池管理系统是整车能源管理系统的一个子系统,为保护动力电池的电力性能,合理地使用和管理电池组的电能,为电动汽车驾驶员提供和显示动力电池组的动态变化参数等,是电动汽车节能、减排和延长电动汽车续驶里程的一个重要的管理机构。BMS 的主要功能如表 2.2.1 所示。

表 2.2.1　动力蓄电池管理系统的基本功能

关键技术项目	相关系统和装置	功　　能
建立电池模型	—	描述电池参数的动态变化规律,用数学方程表达,用于动力电池系统仿真
数据检测及采集	集中式或分布式检测装置	单体电池电压、电流,动力电池组总电压、总电流检测和采集,控制均衡充放电策略
能量管理	电池管理器模块	根据电池的电压、电流,荷电状态 SOC 控制电池的充放电,防止过充和过放

续表 2.2.1

关键技术项目	相关系统和装置	功 能
状态估算	电池管理器模块	根据动力电池荷电状态 SOC 和 SOH 的算法,估算电池寿命(衰减)状态
热量管理	热量检测模块及传感器	冷却系统和冷却装置(风扇或液泵)检测及控制
数据处理与通信	串行通信接口,CAN 总线	单体电池采用串行通信接口,整车管理系统采用 CAN 总线
数据显示	仪表、显示器	动力电池组对电压、电流、SOC、剩余电量、温度等数据显示和故障报警等
安全管理	自动断电、报警	动力电池过充、过放、过压、过流、高温等危险状态自动切断电源、报警等

(二)蓄电池管理系统的一般组成

综合动力蓄电池组管理系统的各种功能,动力蓄电池组管理系统的基本组成如图 2.2.1 所示。

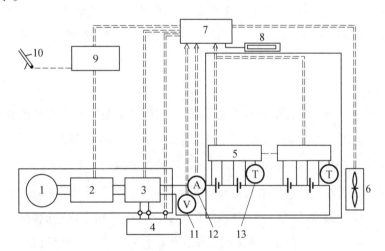

图 2.2.1 动力蓄电池组管理系统的基本组成

1—电动机;2—逆变器;3—继电器箱;4—充电器;5—动力蓄电池组(由多个分电池组成);6—冷却风扇;7—动力蓄电池组管理系统;8—荷电状态(SOC)显示器;9—车辆中央控制器;10—驾驶员控制信号输入;11—电压伏特计;12—电流安培计;13—温度测量计

带有温度测量装置的动力蓄电池组管理系统的基本组成如图 2.2.2 所示。带有温度测量装置的动力蓄电池组管理系统,是利用损坏的电池在充电过程中电池的温度高于正常电池温度的原理,用温度传感器来测定和监控每一个电池在充电过程中的温度是否在允许的范围内。如果发现某个电池的温度处于不正常状态,荷电状态(SOC)显示也不正常时,即刻向动力蓄电池组管理系统反馈某个电池在线的响应信息,并由故障诊断系统预报动力蓄电池组的故障。

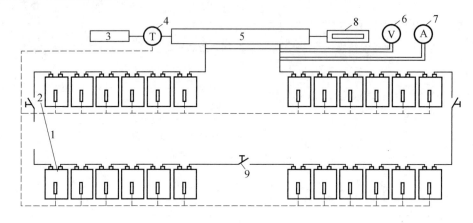

图 2.2.2　带有温度测量装置的动力蓄电池组管理系统

1— 电池组;2— 温度传感器;3— 故障诊断器;4— 温度表;5— 动力蓄电池组管理系统;
6— 电压表;7— 电流表;8— 荷电状态(SOC)显示;9— 断路线

从上面可以看出,BMS 的组成一般包括电池管理子系统、电压平衡控制子系统、热管理子系统和安全防护子系统四个子系统。下面主要介绍热管理子系统和电池管理子系统。

1. 热管理子系统

动力蓄电池组在工作时都会有发热现象,不同的蓄电池的发热程度各不相同,有的蓄电池采用自然通风即可满足电池组的散热要求,但有的蓄电池则必须采取强制通风或冷却液来进行冷却,才能保证电池组正常工作并延长蓄电池的寿命。另外,由于动力蓄电池组的各个蓄电池或各个分电池组布置在车架不同的位置上,各处的散热条件和周围环境都不同,这些差别也会对蓄电池充、放电性能和蓄电池的使用寿命造成影响。为了保证每个蓄电池都能有良好的散热条件和环境,将动力蓄电池组装在一个强制冷却系统中,使各个蓄电池的温度保持一致或相接近,以及使各个蓄电池的周边环境条件相似。

根据动力蓄电池组在电动汽车上的布置,动力蓄电池组的热管理子系统中,首先应合理安排动力蓄电池组的支架,要求便于动力蓄电池组或其分组的安装,能够实现机械化装卸,便于各种电线束的连接。在动力蓄电池组的支架位置和形状确定后设计通风管道、风扇、动力蓄电池组 ECU 和温度传感器等,混合动力汽车上水平布置的温度管理系统如图 2.2.3 所示,垂直布置的温度管理系统如图 2.2.4 所示。

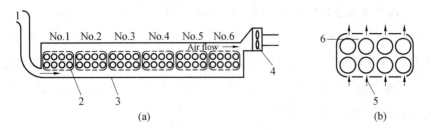

图2.2.3 动力蓄电池组水平布置的强制冷却系统

1—空气吸入管道;2—分电池组;3—动力蓄电池组密封支架;4—冷却风扇;
5—分电池组冷却气流;6—温度传感器

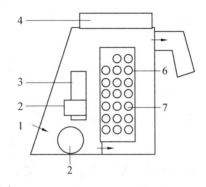

图2.2.4 垂直布置的温度管理系统

1—冷却空气吸入管道;2—温度传感器;3—电池组管理ECU;4—充电器;
5—电池组通风箱;6—单元电池;7—分电池组;8—风扇

在某些蓄电池工作时,会产生较高的温度,可以充分利用其产生的热量用于取暖和给挡风玻璃除霜等,使热量得到管理与应用。

注意:在温度较低的时候,还需要对动力蓄电池进行加热。

2.电池管理子系统

电池管理子系统的作用是对电池的组合、安装、充电、放电、电池组中各个电池的不均衡性、电池的热管理和电池的维护等进行监控和管理,使电池组能够提高工作效率,保证正常运转,避免发生电池的过充电和过放电,有效延长电池的寿命,以及动力蓄电池组的安全管理和保洁等。电池组管理子系统主要包括以下几方面。

(1)电池的技术性能。

不同类型和不同型号、不同使用程度的电池都具有不同的性能,包括电池的容量、工作电压、终止电压、质量、外形尺寸和电池特性(包括记忆特性)等,因此要对动力蓄电池组建立技术档案。实际上即使是同一型号、同一批量的电池,由于制造原因、电解质的浓度差异和使用情况的不同,都会对整个动力蓄电池组的性能带来影响,因此,在安装电池组之前,应对每个电池进行检测,将性能差异不大的电池组成动力蓄电池组。

（2）电池状态的管理。

动力蓄电池组由多个单节电池组成,其基本状态包括在充电和放电时双向作业时的电压、电流、温度、SOC 的比例等。在正常情况下动力蓄电池组的电压、电流、温度、SOC 的比例等应能够进行双向计量和显示。

由于多种原因在动力蓄电池组中个别电池会出现性能的改变,使得动力蓄电池组在充电时不能充足,而在放电时很快将电能放尽。这就要求电池管理系统应能够及时自动检测各个单节电池的状态,当检测出某节电池出现损坏状态时,及时报警,以便将"坏"电池剔出、更换。

（3）动力电池组的组合。

动力蓄电池组需要 8 ~ 32 节 12 V 的单节电池串联起来（指铅酸电池）或更多单节电池（指其他电池）串联而成,为了能够分别安装在混合动力汽车的不同位置处,通常动力蓄电池组上分为多个小的电池组分散进行布置,这样有利于电池组的机械化安装、拆卸和检修。

线路管理子系统管理电池与电池、电池组与电池组之间的线路。当动力蓄电池组的总电压较高时,导线的截面积比较小,有利于电线束的连接和固定,但高电压要求有更可靠的防护。当动力蓄电池组的总电压较低时,电流比较大,导线的截面积则比较大,安装较不方便。在各个电池组之间还需要安装连接导线将各个电池组串联起来,一般在电池组与电池组之间,装有手动或自动断电器,以便在安装、拆卸和检修时切断电流。另外,在电池管理系统中还有各种传感器线路等,因此在混合动力汽车上有尺寸很长的各种各样的电线束,要求电线之间有可靠的绝缘,并能快速连接。

（4）动力蓄电池组的安全管理。

动力蓄电池组的总电压可以达到 90 ~ 400 V,高电压对人体会造成危害,应采取有效的隔离措施,一般是将动力蓄电池组与车辆的乘坐区分离,将动力蓄电池组布置在地板下面或车架的两侧,在正常的情况下,车辆停止使用时,通常会自动切断电源,只有在混合动力汽车启动时才接通电源。当混合动力汽车发生碰撞或倾覆时,电池管理系统应能立即切断电源,防止高压电引起人身事故和火灾,并防止电解液造成的伤害,以保证人身安全。

(三) 吉利 EV450 电池管理系统电路图

吉利 EV450 电池管理系统电路图如图 2.2.5 所示。

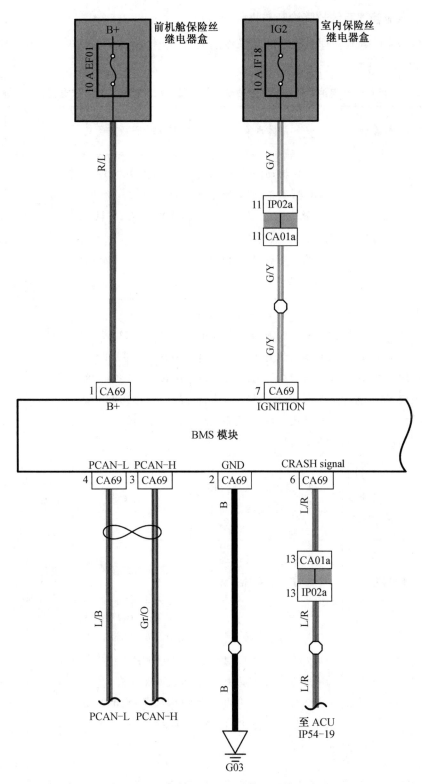

图 2.2.5　吉利 EV450 电池管理系统电路图

(四)电池管理系统故障诊断与排除分析

吉利 EV450 电池管理系统对应故障点的故障现象、故障码、故障数据流和模块通信情况如表 2.2.2 所示。

表 2.2.2 吉利 EV450 电池管理系统对应故障点的故障现象、故障码、故障数据流和模块通信情况

序号	故障范围	故障点	故障现象	故障代码及其含义	故障数据流	模块通信情况
1	BMS	保险丝 EF01 断路	踩下制动,按下 SBB:Ready 灯不亮,蓄电池充电故障警告灯亮,动力电池故障警告灯亮,过一会后系统故障警告灯亮,换挡杆旁背景灯不亮	IPU:U110000;CAN 帧超时故障;U110400:CAN 帧超时故障;VCU:U011287 与 BMS 通信丢失	正常	与 BMS 通信丢失
2	BMS	CA69/1 - EF01 保险丝座下端断路	踩下制动,按下 SBB:Ready 灯不亮,蓄电池充电故障警告灯亮,SOC 电池电量故障警告灯亮,动力电池故障警告灯亮,换挡杆旁背景灯不亮,过一会后系统故障警告灯亮	VCU:U011287 与 BMS 通信丢失;IPU:U110000CAN 帧超时故障;U110400CAN 帧超时故障	正常	与 BMS 通信丢失
3	BMS	CA69/7 - IF18 保险丝座下端断路	踩下制动,按下 SBB:Ready 灯亮,无异常现象	无故障码	正常	正常
4	BMS	CA69/2 对地断路	踩下制动,按下 SBB:Ready 灯亮,无异常现象	无故障码	正常	正常
5	BMS	CA69/3 - CA66/7 断路	踩下制动,按下 SSB,Ready 灯不亮,蓄电池充电故障警告灯亮,动力电池故障警告灯亮,过一会后系统故障警告灯亮,换挡杆旁背景灯不亮	IPU:U110000;CAN 帧超时故障;U110400:CAN 帧超时故障;VCU:U011287 与 BMS 通信丢失 T - box:U011287 与 BMS 通信丢失	正常	与 BMS 丢失通信

续表 2.2.2

序号	故障范围	故障点	故障现象	故障代码及其含义	故障数据流	模块通信情况
6	BMS	CA69/6 - IP54/19 断路	踩下制动,按下 SBB:Ready 灯亮,无异常现象	无故障码	正常	正常
7	BMS	CA69/3 对地短路	踩下制动,按下 SSB,Ready 灯不亮,蓄电池充电故障警告灯亮,系统故障警告灯亮,换挡杆旁背景灯不亮,驾驶模式开关背景灯不亮	无故障码	正常	与 VCU/BMS/T-BOX/OBC/EGSM/IPU/DMS 丢失通信
8	BMS	CA69/3 对 5 V 电压短路	踩下制动按下 SSB,Ready 灯亮,正常	无故障码	正常	正常
9	BMS	CA69/4 - CA66/8 断路	踩下制动,按下 SSB,Ready 灯不亮,蓄电池充电故障警告灯亮,动力电池故障警告灯亮,过一会后系统故障警告灯亮,换挡杆旁背景灯不亮	VCU:U011287 与 BMS 通信丢失;IPU:U110000:CAN 帧超时故障;U110400:CAN 帧超时故障;T-box:U011287 与 BMS 通信丢失	正常	与 BMS 丢失通信
10	BMS	CA69/4 对地短路	踩下制动,按下 SSB,Ready 灯亮,无异常	无故障码	正常	正常
11	BMS	CA69/4 对 5 V 电压短路	踩下制动,按下 SSB,Ready 灯不亮,蓄电池充电故障警告灯亮,系统故障警告灯亮,换挡杆旁背景灯不亮,驾驶模式开关背景灯不亮	无故障码	正常	与 VCU/BMS/T-BOX/OBC/EGSM/IPU/DMS 丢失通信
12	BMS	CA69/3 - CA66/7 与 CA69/4 - CA66/7 互短	踩下制动,按下 SSB,Ready 灯不亮,蓄电池充电故障警告灯亮,系统故障警告灯亮,换挡杆旁背景灯不亮,驾驶模式开关背景灯不亮	无故障码	正常	VCU/BMS/T-BOX/OBC/EGSM/IPU/DMS 丢失通信

通过对比和分析,可以得出以下结论:

(1)单个模块丢失通信的故障原因可能是模块的供电线故障、搭铁线故障、CAN总线故障、模块本体故障等。

(2)多个模块丢失通信的原因可能是CAN总线故障。

(3)IG2电对于BMS来说是冗余设计(唤醒BMS),IG2电出现故障,没有明显故障现象。

(4)CAN-H对5 V短路,或者CAH-L对地出现短路,无故障现象。

四、任务实施

(一)准备工作

吉利EV450纯电动汽车或其他纯电动汽车、跨接线(T形线)、万用表、道通诊断仪或其他诊断仪、绝缘测试仪、绝缘胶布、绝缘工具、工位防护套装、个人安全防护套装、车内三件套、车外三件套、抹布等。

(二)故障设置

可以从以下故障点选取。

保险丝EF01断路、CA69/1-EF01保险丝座下端断路、CA69/7—IF18保险丝座下端断路、CA69/2对地断路、CA69/6-IP54/19断路、CA69/3-CA66/7断路、CA69/3对地短路、CA69/3对5 V电压短路、CA69/4-CA66/8断路、CA69/4对地短路、CA69/4对5 V电压短路、CA69/3-CA66/7与CA69/4-CA66/7互短等。

(三)故障诊断与排除过程并记录

1. 填写车辆信息(如表2.2.3)

表2.2.3 车辆信息

作业项目	作业内容
整车型号	
工作电压	
车辆识别代码	
电机型号	
里程表读数	

2. 故障点诊断与排除过程(如表2.2.4)

表2.2.4 故障点诊断与排除过程

作业项目	作业内容				备注
故障现象确认					※ 确认故障症状并记录症状现象
模块通信状态及故障码检查					
正确读取数据	项目	数值	单位	判断	※ 如果无相关数据则无须填写
清除故障码并再次读取	确认故障码是否再次出现,并填写结果 □ 无 DTC □ 有 DTC				
确定故障范围	结合仪表现象、诊断数据和电路图分析,最有可能的故障范围:				
基本检查	线路/连接器外观及连接情况 □ 正常　□ 不正常＿＿＿＿＿＿ 零件安装等 □ 正常　□ 不正常＿＿＿＿＿＿				※ 不拆装
部件/电路测试	部件/线路范围	检查或测试后的判断结果			※ 注明测试条件、插件代码和编号,控制单元针脚代号以及测量结果
		□ 正常		□ 不正常	
		□ 正常		□ 不正常	
		□ 正常		□ 不正常	
		□ 正常		□ 不正常	
	波形采集(不用者不填)	□ 正常		□ 不正常	
故障部位确认和排除	故障类型	确认的故障位置		排除处理说明	
	线路故障			□ 更换 □ 维修 □ 调整	
	元件故障			□ 更换 □ 维修 □ 调整	

3. 最终维修结果确认(如表2.2.5)

表 2.2.5 最终维修结果确认

作业项目	作业内容				备注
维修后故障代码读取,并填写读取结果					
与原故障相关数据检查结果	项目	数值	单位	判断	※表中项目检查有内容时填写检查结果,如果没有时填写"无"
维修后的功能操作确认并填写结果					

五、评价与反馈

学习任务评价表

小组　　　　　学号　　　　　姓名

项目内容	主要测评项目	自评			
		A	B	C	D
关键能力总结	1. 遵守纪律,遵守学习场所管理规定,服从安排。 2. 具有安全意识、责任意识,6S 管理意识,注重节约、节能与环保。 3. 学习态度积极主动,能按时参加安排的实践活动。 4. 具有团队合作意识,注重沟通,能自主学习及相互协作。 5. 仪容仪表符合学习活动要求				
专业知识与能力总结	1. 了解新能源汽车 BMS 故障诊断与排除。 2. 理解 BMS 工作原理。 3. 会分析典型新能源汽车 BMS 故障诊断与排除。 4. 能严格遵守新能源汽车维修作业规范。 5. 严格执行 6S 现场管理。 6. 培养团队合作精神				
自我评价					
小组评价					
教师评价		总评成绩			

项目三　　驱动电机系统故障诊断与排除

任务一　　驱动电机故障诊断与排除

一、任务引入

一辆纯电动汽车不能正常起动,经过诊断仪检测,发现驱动电机故障,对于此类故障该如何进行诊断与排除呢?

二、任务要求

知识要求:
1. 了解驱动电机系统的组成和类型。
2. 了解新能源汽车对驱动电机性能的要求。
3. 对吉利 EV450 驱动电机有基本了解。
4. 了解吉利 EV450 电机低压信号接口端子定义。
5. 能够进行驱动电机的故障诊断与排除。

技能要求:
1. 能够读懂电路图。
2. 能够正确安全使用万用表。
3. 能对驱动电机进行故障诊断与排除。

职业素养要求:
1. 操作规范,记录准确清晰。
2. 严格执行 6S 现场管理。
3. 互相合作,过程严谨。

三、相关知识

(一)驱动电机系统的组成

电机驱动系统的基本组成框图如图 3.1.1 所示。电机驱动系统是电动汽车的心脏,它由电机、功率转换器、控制器、各种检测传感器和电源(动力蓄电池)组成,其任务是在驾驶员的控制下,高效率地将动力蓄电池的电量转化为车轮的动能,或者将车轮的动能反馈到蓄电池中。

早期的电动汽车主要采用直流电机系统,但直流电机有机械换向装置,必须经常维护。随着电力电子技术的发展,交流调速逐渐取代直流调速。

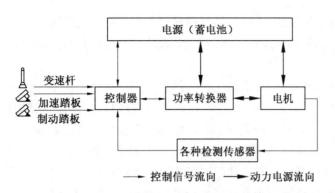

图 3.1.1　驱动电机系统的基本组成框图

功率转换器按所选电机类型,有 DC/DC 功率转换器、DC/AC 功率转换器等形式,其作用是按所选电动机驱动电流的要求,将蓄电池的直流电转换为相应电压等级的直流、交流或脉冲电源。

检测传感器主要对电压、电流、速度、转矩以及温度等进行检测,其作用是为了提高改善电机的调速特性,对于永磁无刷电机或开关磁阻电机还要求有电机转角位置检测。

控制器是按驾驶员操纵变速杆、加速踏板和制动踏板等,相应输入的前进、倒退、起步、加速、制动等信号,以及各种检测传感器反馈的信号,通过运算、逻辑判断、分析比较等适时向功率转换器发出相应的指令,使整个驱动系统有效运行。

（二）驱动电机的类型

与工业应用的电动机不同,用于电动汽车的电动机通常要求频繁地起动和停车、高变化率的加速度/减速度、高转矩且低速爬坡、低转矩而高速行驶以及非常宽的运行速度范围。应用于电动汽车的驱动电动机可分为有换向器电动机、无换向器电动机和特种电动机,如图 3.1.2 所示。有换向器电动机主要指传统的直流电动机,包括串励、并励、复励、他励和永磁(PM)励磁的直流电动机。直流电动机需要换向器和电刷以供电给电枢,因而使该类电动机可靠性降低,不适合免维护运行和高速运行。此外,线绕式励磁的直流电动机其功率密度低。

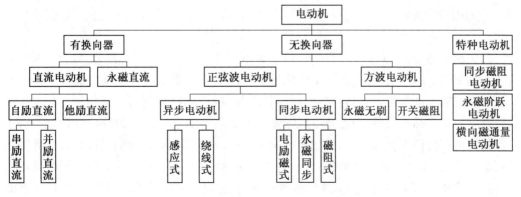

图 3.1.2　现代电动汽车电动机的基本类型

最近，由于技术的发展，无换向器电动机到了一个应用的新阶段。与有刷直流电动机相比，无换向器电动机的优点包括其高效率、高功率密度、低运行成本、高可靠性以及免维护。

无换向器的异步电动机在电动汽车上得到了广泛应用。这是因为异步电动机的低成本、高可靠性和免维护运行。但是，异步电动机的传统控制，如变压变频（VVVF），不能提供所期望的性能。随着技术的发展，异步电动机的磁场定向控制（FOC）原理，即矢量控制原理已被用来克服由于异步电动机非线性带来的控制难度。然而，这些采用矢量控制的电动汽车用异步电动机在轻载和限定恒功率工作区域内运行时，仍有低效率问题。

采用永磁体替代传统同步电动机的励磁绕组，永磁同步电动机可排除传统的电刷、集电环以及励磁绕组的铜耗。实际上，这些永磁同步电动机因其正弦交变电流的供电和无刷结构，也被称作永磁无刷交流电动机或正弦波永磁无刷电动机。由于这类电动机本质上是同步电动机，它们可在正弦交流电源或脉宽调制电源（PWM 电源）下运行，而不需电子换向。当永磁体安置在转子表面时，因永磁材料的磁导率与空气磁导率相似，故这种电动机特性如同隐极同步电动机。通过把永磁体嵌入转子的磁路中，此凸极导致一个附加磁阻转矩，从而使电动机在恒功率运行时具有较宽的转速范围。另一方面，当利用转子的凸极性时，通过舍去励磁绕组或永磁体，就可制成同步磁阻电动机。这种电动机通常结构简单、成本低廉，但输出功率相对较低。与异步电动机类似，对高性能要求的应用场合，这种永磁同步电动机通常也使用矢量控制。因为其固有的高功率密度和高效率，在电动汽车应用领域中，永磁同步电动机已被认为具有与异步电动机相竞争的巨大潜力。

实际上，通过转换永磁直流电动机（有刷电动机）定子和转子的位置，就可得到永磁无刷直流电动机（Brushless Direct Current Motor，BLDC）。应该注意，"直流"这一术语可能会引起误解，因为它并不涉及直流电动机。事实上，这种电动机由矩形波交变电流供电。因此也称为矩形波永磁无刷电动机。这类电动机最明显的优点是排除了电刷，其另一优点是因电流与磁通间的正交相互作用，能产生大转矩。此外，这种无刷结构使电枢绕组可有更大的横截面。由于其整个结构的热传导有了改善，电负荷的增加导致更高的功率密度。与永磁同步电动机不同，这种永磁无刷直流电动机通常运行配有转轴位置检测器。美国德克萨斯农工大学的电力电子与电机驱动研究所已开发出了无位置检测器控制技术。

开关磁阻电动机（Switched Reluctance Motor，SRM）已被公认在电动汽车应用中具有很大的潜力。基本上，开关磁阻电动机是由单组定子可变磁阻步进电动机直接衍生而来。开关磁阻电动机用于电动汽车的明显优点是其结构简单、制造成本低廉、转矩－转速特性好。尽管结构简单，但这并不意味着开关磁阻电动机的设计和控制也简单。由于其极尖处的高度磁饱和，以及磁极和槽的边缘效应，开关磁阻电动机的设计和控制既困难又精细。传统上，开关磁阻电动机运行，借助于转轴位置检测器检测转子与定子的相对位置。这些检测器通常容易因机械振动而受损，并对温度和尘埃敏感。因此，位置检测器的存在降低了开关磁阻电动机的可靠性，并限制了一些应用。表 3.1.1 为现代电动汽车所采用的典型电动机的基本性能比较。

表 3.1.1　各种电动机的基本性能比较

项目	直流电动机	感应式电动机	永磁式电动机	开关磁阻式电动机
比功率	低	中	高	较高
过载能力/%	200	300~500	300	300~500
峰值效率/%	85~89	94~95	95~97	90
负荷效率/%	80~87	90~92	85~97	78~86
功率因数/%	—	82~85	90~93	60~65
恒功率区	—	1∶5	1∶2.25	1∶3
转速范围/(r·min^{-1})	4 000~6 000	12 000~20 000	4 000~10 000	可以 >15 000
可靠性	一般	好	优	良好
结构的坚固性	差	好	一般	优良
电动机外廓	大	中	小	小
电动机质量	大	中	小	小
控制操作性能	最好	好	好	好
控制器成本	低	高	高	一般

注：只作各种电动机之间的定性比较。

(三) 电动汽车对驱动电动机性能的基本要求

汽车行驶时需要频繁地起动、加速、减速、停车等，在低速行驶和爬坡时需要大转矩，在高速行驶时需要降低转矩和功率。为了满足汽车行驶动力性的需要，获得好的经济性和环境指标等，对电动机提出了十分严格的要求。

(1) 电压高。采用高电压可以减少电动机和导线等装备的尺寸、降低逆变器的成本和提高能量转换效率等。

(2) 高转速电动机的功率 P 与其转矩 M 和转速 n 成正比，即 $P \propto M \cdot n$，因此，在 M 一定的情况下，提高 n 则可以提高 P；而在 P 一定的情况下，提高 n 则可降低电动机的 M。采用小质量和小体积的电动机。因此采用高速电动机是电动汽车发展的趋势之一。现代电动汽车的高转速电动机的转速可以达到 8 000~12 000 r/min，由于体积和质量都小，有利于降低整车的整备质量。

(3) 转矩密度、功率密度大，质量轻，体积小。转矩密度、功率密度大指最大转矩体积比和最大功率体积比。转矩密度、功率密度越大，HEV 电机驱动系统占用的空间越小。采用铝合金外壳等降低电动机的质量。各种控制装置和冷却系统的材料等也应尽可能选用轻质材料。

（4）具有较大的起动转矩和较大范围的调速性能,以满足起动、加速、行驶、减速、制动等所需的功率与转矩。应具有自动调速功能,减轻操纵强度,提高舒适性,能达到内燃机汽车同样的控制响应。

（5）需要有 4～5 倍的过载,以满足短时加速行驶与最大爬坡度的要求。

（6）具有高的可控性、稳态精度、动态性能,以满足多部电动机协调运行。

（7）机械效率高、损耗少。

（8）可兼做发电机使用。在车辆减速时,可进行制动能量回收,即再生制动,将一部分能量转化为电能储存在储能装置内。

（9）电气系统安全性和控制系统的安全性应达到有关的标准和规定。必须装备高压保护装置以保证安全。

（10）能够在恶劣条件下可靠工作。电动机应具有高的可靠性、耐低温和高温性、耐潮湿。并且运行时噪声低,能够在恶劣的环境下长时间工作。

（11）结构简单,适合大批量生产,使用维修方便,价格便宜等。

（12）散热性好。

（四）吉利 EV450 驱动电机

1. 吉利 EV450 驱动电机的位置

吉利 EV450 驱动电机的位置如图 3.1.3 所示。

图 3.1.3 吉利 EV450 驱动电机的位置
1— 驱动电机;2— 电机控制器

2. 吉利 EV450 驱动电机紧固件规格

吉利 EV450 驱动电机紧固件规格如表 3.1.2 所示。

表 3.1.2　吉利 EV450 驱动电机紧固件规格

应用	规格	力矩范围公制/(N·m)
固定左隔振垫总成与车身托架	M12 × 90	75 ~ 85
固定左隔振垫总成与车身托架	M12 × 55	75 ~ 85
固定左隔振垫总成与左悬置支架	M12 × T13	85 ~ 95
固定左悬置支架与变速箱总成	M10 × 55	50 ~ 60
固定右隔振垫总成与车身托架	M12 × 90	75 ~ 85
固定右隔振垫总成与车身托架	M12 × 55	75 ~ 85
固定右隔振垫总成与右悬置支架	M12 × T13	85 ~ 95
固定右悬置支架与电机总成	M10 × 55	50 ~ 60
固定后悬置支架与变速箱总成	M12 × 55	75 ~ 85
固定后悬置支架与后悬置软垫总成	M12 × 80	85 ~ 95
固定后悬置支架与后悬置软垫总成	M12 × T13	85 ~ 95
固定后悬置软垫与副车架总成	M14 × 80	115 ~ 125
动力总成托架固定螺母	M12 × T13	75 ~ 85
动力总成托架固定螺栓	M10 × 65	75 ~ 85
减速器与驱动电机固定螺栓	M8 × 35	21 ~ 25

3. 吉利 EV450 驱动电机规格

吉利 EV450 驱动电机规格如表 3.1.3 所示。

表 3.1.3　吉利 EV450 驱动电机规格

项目	参数	单位
额定功率	42	kW
峰值功率	120	kW
额定转矩	105	N·m
峰值转矩	250	N·m
额定转速	4 200 或 3 820	r/min
峰值转速	12 000	r/min
电机旋转方向	从轴伸端看电机逆时针旋转	—
温度传感器类型	NTC	—
温度传感器型号	SEMITEC 13 - C31	—
冷却液类型	乙二醇型防冻液,冰点 ≤ 40 ℃	—
冷却液流量要求	8	L/min

4. 吉利 EV450 驱动电机的作用

吉利 EV450 驱动电机是永磁同步电机,电机旋转磁场和定子线圈共同作用产生扭矩。

5. 吉利 EV450 驱动电机的组成

吉利 EV450 驱动电机主要由前端盖、后端盖、定子壳体总成、转子总成、轴承、低压接插件等部件组成。

6. 吉利 EV450 驱动电机工作原理

吉利 EV450 驱动电机工作原理如图 3.1.4 所示。当三相交流电被接入到定子线圈中,即产生了旋转的磁场,这个旋转的磁场牵引转子内部的永磁体,产生和旋转磁场同步的旋转扭矩。使用旋转变压器检测转子的位置和电流传感器检测线圈的电流,从而控制驱动电机的扭矩输出。

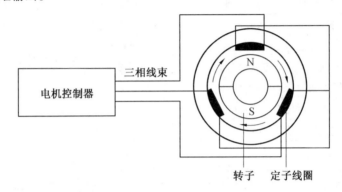

图 3.1.4　吉利 EV450 驱动电机工作原理

旋变信号的作用是反应驱动电机转子当前的旋转相位,电机控制器在通过旋变信号计算当前的驱动电机转速。旋转变压器结构如图 3.1.5 所示,旋变转子与驱动电机转子同轴连接,随电机转轴旋转。旋变定子内侧有感应线圈,安装在驱动电机定子上。驱动电机旋转时,带动旋变转子旋转。旋变器与电机控制器中间通过 6 根低压线束连接,2 根是从电机控制器激励信号,另外 4 根分别是旋变器输出的正弦信号和余弦信号。6 根线当中任何一根线路出现故障都会导致驱动电机无法正常工作。

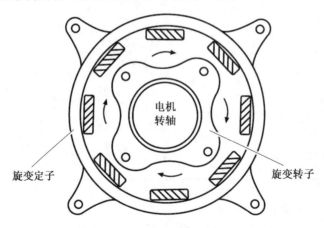

图 3.1.5　旋转变压器结构

（五）吉利 EV450 电机低压信号接口端子定义

吉利 EV450 电机低压线束接口如图 3.1.6 所示，端子定义如表 3.1.4 所示。

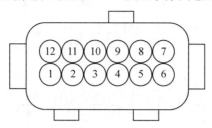

图 3.1.6　吉利 EV450 电机低压线束接口

表 3.1.4　吉利 EV450 驱动电机低压线束接口端子定义

端子号	端子定义	线径(mm²)颜色	端子状态	规定条件（电压、电流、波形）
1	R1 +	0.5L/R	NTC 温度传感器 1	—
2	R1 -	0.5R		—
3	R2 +	0.5Br/W	NTC 温度传感器 2	—
4	R2 -	0.5W/G		—
5	GND	0.5B	屏蔽	负极
6	GND	0.5B		负极
7	COSL	0.5P	旋变余弦	—
8	COS	0.5L		—
9	SINL	0.5W	旋变正弦	—
10	SIN	0.5Y		—
11	REFL	0.5O	旋变励磁	—
12	REF	0.5G		—

（六）驱动电机故障诊断与排除分析

驱动电机常见的故障有电机旋变故障信号故障，电机过温故障，驱动电机三相线束故障，驱动电机绝缘故障，驱动电机异响、强烈振动或转速和输出功率达不到要求故障。

1. 电机旋变故障信号故障

吉利 EV450 驱动电机与控制器电路图如图 3.1.7 所示。

（1）检测电机旋变的正弦、余弦、励磁电阻值。

电机旋变的正弦、余弦、励磁电阻正常值如下：

余弦：14.5 ±1.5 Ω。

正弦：13.5 ±1.5 Ω。

励磁电阻：9.5 ±1.5 Ω。

如果不正常，则更换旋转变压器；如果正常，则进行下一步。

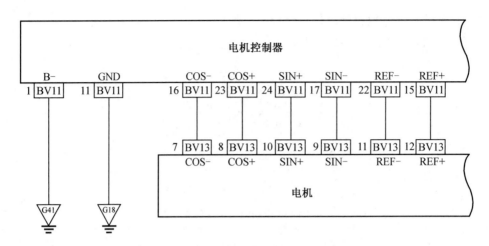

图 3.1.7 吉利 EV450 驱动电机与控制器电路图

（2）检测驱动电机旋变信号屏蔽线路。
① 操作启动开关使电源模式至 OFF 状态。
② 断开车载充电器直流母线。
③ 操作启动开关使电源模式至 ON 状态。
④ 断开电机控制器线束连接器 BV11。
⑤ 用万用表测量电机控制器线束连接器 BV11 的 1 号、11 号端子与车身接地之间的电阻。标准电阻：小于 1 Ω。
⑥ 确认测量值是否符合标准。
如果不符合，则修理或更换线束；如果符合，则进行下一步。
（3）检测驱动电机余弦旋变信号线路。
① 操作启动开关使电源模式至 OFF 状态。
② 操作启动开关使电源模式至 ON 状态。
③ 断开驱动电机线束连接器 BV13。
④ 断开电机控制器线束连接器 BV11。
⑤ 用万用表按表 3.1.5 进行测量。

表 3.1.5 测量标准

测量位置 A	测量位置 B	测量标准值
BV13 - 7	BV11 - 16	标准电阻：小于 1 Ω
BV13 - 8	BV11 - 23	
BV13 - 7	BV13 - 8	标准电阻：10 kΩ 或更高
BV13 - 7	车身接地	
BV13 - 8	车身接地	
BV13 - 7	车身接地	标准电压：0 V
BV13 - 8	车身接地	

⑥ 确认测量值是否符合标准。

如果不符合,则修理或更换线束;如果符合,则进行下一步。

(4) 检测驱动电机正弦旋变信号线路。

① 操作启动开关使电源模式至 OFF 状态。

② 断开蓄电池负极电缆。

③ 操作启动开关使电源模式至 ON 状态。

④ 断开驱动电机线束连接器 BV13。

⑤ 断开电机控制器线束连接器 BV11。

⑥ 用万用表按表 3.1.6 进行测量。

表 3.1.6　测量标准

测量位置 A	测量位置 B	测量标准值
BV13 - 9	BV11 - 17	标准电阻:小于 1 Ω
BV13 - 10	BV11 - 24	
BV13 - 9	BV13 - 10	标准电阻:10 kΩ 或更高
BV13 - 9	车身接地	
BV13 - 10	车身接地	
BV13 - 9	车身接地	标准电压:0 V
BV13 - 10	车身接地	

⑦ 确认测量值是否符合标准。

如果不符合,则修理或更换线束;如果符合,则进行下一步。

(5) 检测驱动电机励磁旋变信号线路。

① 操作启动开关使电源模式至 OFF 状态。

② 断开蓄电池负极电缆。

③ 操作启动开关使电源模式至 ON 状态。

④ 断开驱动电机线束连接器 BV13。

⑤ 断开电机控制器线束连接器 BV11。

⑥ 用万用表按表 3.1.7 进行测量。

表 3.1.7　测量标准

测量位置 A	测量位置 B	测量标准值
BV13 - 11	BV11 - 22	标准电阻:小于 1 Ω
BV13 - 12	BV11 - 15	
BV13 - 11	BV13 - 12	标准电阻:10 kΩ 或更高
BV13 - 11	车身接地	
BV13 - 12	车身接地	
BV13 - 11	车身接地	标准电压:0 V
BV13 - 12	车身接地	

⑦ 确认测量值是否符合标准。

如果不符合,则修理或更换线束;如果符合,则进行下一步。

(6) 更换电机控制器。

① 操作启动开关使电源模式至 OFF 状态。

② 断开蓄电池负极电缆。

③ 断开车载充电器直流母线。

④ 更换电机控制器。

⑤ 确认故障是否排除。

如果未排除,则更换驱动电机;如果已排除,则进行下一步。

(7) 诊断结束。

2. 电机过温故障

吉利 EV450 驱动电机与控制器电路图如图 3.1.8 所示。

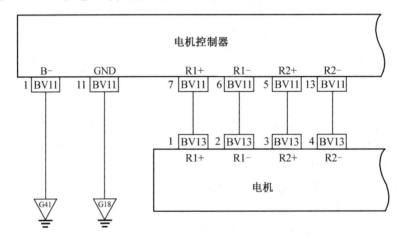

图 3.1.8　吉利 EV450 驱动电机与控制器电路图

(1) 使用故障诊断仪读取故障代码。

① 操作启动开关使电源模式至 ON 状态。

② 连接故障诊断仪,读取系统故障代码。

③ 确认系统是否存在其他故障代码。

如果存在,则优先排除其他故障代码指示故障;如果不存在,则进行下一步。

(2) 检查冷却液是否充足。

① 打开机舱盖。

② 检查管路无弯曲、折叠、漏水现象。

③ 确认膨胀罐中的冷却液位是否正常。

如果不正常,则添加冷却液;如果正常,则进行下一步。

(3) 检查冷却水泵是否正常。

① 操作启动开关使电源模式至 ON 状态。

② 确认冷却水泵是否正常工作。

如果不正常,则优先排除冷却系统故障;如果正常,则进行下一步。

(4)检测驱动电机信号屏蔽线路。
①操作启动开关使电源模式至 OFF 状态。
②断开蓄电池负极电缆。
③断开车载充电机处直流母线。
④操作启动开关使电源模式至 ON 状态。
⑤断开电机控制器线束连接器 BV11。
⑥用万用表测量电机控制器线束连接器 BV11 的 1 号、11 号端子与车身接地之间的电阻。标准电阻:小于 1 Ω。
⑦确认测量值是否符合标准。
如果不符合,则修理或更换线束;如果符合,则进行下一步。
(5)检查电机温度传感器 1、电机传感器 2 自身的阻值。
-40 ℃ 时,正常电阻阻值约为 241 ±20 Ω;
20 ℃ 时,正常电阻阻值约为 13.6 ±0.8 Ω;
85 ℃ 时,正常电阻阻值约为 1.6 ±0.1 Ω。
阻值随温度升高而降低,阻值随温度降低而升高。
(6)检查电机温度传感器 1 信号线路。
①操作启动开关使电源模式至 OFF 状态。
②断开蓄电池负极电缆。
③操作启动开关使电源模式至 ON 状态。
④断开驱动电机线束连接器 BV13。
⑤断开电机控制器线束连接器 BV11。
⑥用万用表按表 3.1.8 进行测量。

表 3.1.8 测量标准

测量位置 A	测量位置 B	测量标准值
BV13 - 1	BV11 - 7	标准电阻:小于 1 Ω
BV13 - 2	BV11 - 6	
BV13 - 1	BV13 - 2	标准电阻:10 kΩ 或更高
BV13 - 1	车身接地	
BV13 - 2	车身接地	
BV13 - 1	车身接地	标准电压:0 V
BV13 - 2	车身接地	

⑦确认测量值是否符合标准。
如果不符合,则更换驱动电机;如果符合,则进行下一步。
(7)检查电机温度传感器 2 信号线路。
①操作启动开关使电源模式至 OFF 状态。
②断开蓄电池负极电缆。

③ 操作启动开关使电源模式至 ON 状态。

④ 断开驱动电机线束连接器 BV13。

⑤ 断开电机控制器线束连接器 BV11。

⑥ 用万用表按表 3.1.9 进行测量。

表 3.1.9 测量标准

测量位置 A	测量位置 B	测量标准值
BV13 - 3	BV11 - 5	标准电阻:小于 1 Ω
BV13 - 4	BV11 - 13	
BV13 - 3	BV13 - 4	标准电阻:10 kΩ 或更高
BV13 - 1	车身接地	
BV13 - 4	车身接地	
BV13 - 3	车身接地	标准电压:0 V
BV13 - 4	车身接地	

⑦ 确认测量值是否符合标准。如果不符合,则更换驱动电机;如果符合,则进行下一步。

(8) 更换电机控制器。

① 操作启动开关使电源模式至 OFF 状态。

② 断开蓄电池负极电缆。

③ 更换电机控制器。

④ 确认故障排除。

(9) 诊断结束。

3. 驱动电机三相线束故障

吉利 EV450 驱动电机与控制器电路图如图 3.1.9 所示。

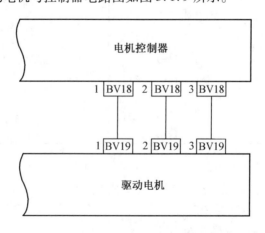

图 3.1.9 吉利 EV450 驱动电机与控制器电路图

· 82 ·

(1) 检测驱动电机三相线束是否相互短路故障。
① 操作启动开关使电源模式至 OFF 状态。
② 断开蓄电池负极电缆。
③ 断开驱动电机三相线束连接器 BV19。
④ 断开 PEU 三相线束连接器 BV18。
⑤ 用万用表按表 3.1.10 进行测量。

表 3.1.10 测量标准

测量位置 A	测量位置 B	测量标准值
BV19 - 1	BV19 - 2	标准电阻:20 kΩ 或更高
BV19 - 1	BV19 - 2	
BV19 - 2	BV19 - 3	

⑥ 确认测量值是否符合标准。
如果不符合,则修理或更换线束;如果符合,则进行下一步。
(2) 检测驱动电机三相线束断路故障。
① 操作启动开关使电源模式至 OFF 状态。
② 断开蓄电池负极电缆。
③ 断开驱动电机三相线束连接器 BV19。
④ 断开 PEU 三相线束连接器 BV18。
⑤ 用万用表按表 3.1.11 进行测量。

表 3.1.11 测量标准

测量位置 A	测量位置 B	测量标准值
BV19 - 1	BV18 - 1	标准电阻:小于 1 Ω
BV19 - 2	BV18 - 2	
BV19 - 3	BV18 - 3	

⑥ 确认测量值是否符合标准。
如果不符合,则修理或更换线束;如果符合,则进行下一步。
(3) 检测驱动电机三相线对地短路故障。
① 操作启动开关使电源模式至 OFF 状态。
② 断开蓄电池负极电缆。
③ 断开驱动电机三相线束连接器 BV19。
④ 断开驱动电机三相线束连接器 BV18。
⑤ 用万用表按表 3.1.12 进行测量。

表 3.1.12　测量标准

测量位置 A	测量位置 B	测量标准值
BV19-1	车身接地	标准电阻:20 kΩ 或更高
BV19-2	车身接地	
BV19-3	车身接地	

⑥确认测量值是否符合标准。

如果不符合,则修理或更换线束;如果符合,则进行下一步。

(4)更换电机控制器。

①操作启动开关使电源模式至 OFF 状态。

②断开蓄电池负极电缆。

③更换电机控制器。

④确认故障是否排除。

(5)诊断结束。

4.驱动电机绝缘阻值检测

吉利 EV450 驱动电机与控制器电路图如图 3.1.10 所示。

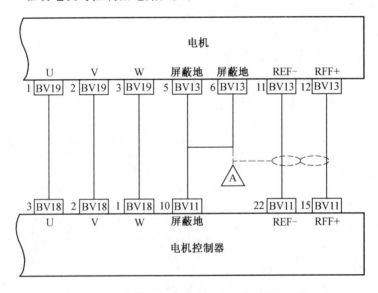

图 3.1.10　吉利 EV450 驱动电机与控制器电路图

(1)确认高压回路切断。

①操作启动开关使电源模式至 OFF 状态。

②断开蓄电池负极电缆。

③断开直流母线。

④断开电机控制器高压线线束连接器 BV18。

⑤等待 5 分钟。

⑥ 用万用表检测电机控制器正负极电压。标准电压：≤5 V。

如果不正常，则等待电机电压下降；如果正常，则进行下一步。

（2）检测电机绝缘阻值。

① 操作启动开关使电源模式至 OFF 状态。

② 断开蓄电池负极电缆。

③ 断开直流母线。

④ 拆卸电机三相线束连接器 BV18（电机控制器侧）。

⑤ 将高压绝缘检测仪的挡位调至 1 000 V。

⑥ 用高压绝缘检测仪测量三相线束连接器 BV18 的 1 号端子与电机壳体之间的电阻。标准电阻：大于或等于 20 MΩ。

⑦ 用高压绝缘检测仪测量三相线束连接器 BV18 的 2 号端子与电机壳体之间的电阻。标准电阻：大于或等于 20 MΩ。

⑧ 用高压绝缘检测仪测量三相线束连接器 BV18 的 3 号端子与电机壳体之间的电阻。标准电阻：大于或等于 20 MΩ。

⑨ 确认测量值是否符合标准。

如果不符合，则修理或更换线束；如果符合，则进行下一步。

（3）绝缘阻值正常。

5. 驱动电机异响、强烈振动或转速和输出功率达不到要求故障

（1）紧固电机固定螺栓。

① 操作启动开关使电源模式至 OFF 状态。

② 检查电机后端盖与悬挂支架连接螺栓是否紧固。

③ 检查电机前端盖与减速器壳体连接螺栓是否紧固。

如果不是，则紧固电机固定螺栓；如果是，则进行下一步。

（2）检查电机冷却系统。

① 操作启动开关使电源模式至 ON 状态。

② 检查冷却管路有无老化、变形、渗漏。

③ 确认水箱、管路无水垢、堵塞现象。

④ 确认水泵是否工作正常。

如果不是，则优先排除冷却系统故障；如果是，则进行下一步。

（3）检查电机线束连接器。

① 操作启动开关使电源模式至 OFF 状态。

② 检查电机低压线束连接器是否插接牢固、无松脱。

③ 检查电机高压线束连接器是否插接牢固、无松脱。

如果不是，则重新固定连接器；如果是，则进行下一步。

（4）检查驱动电机三相线束紧固力矩。

① 操作启动开关使电源模式至 OFF 状态。

② 断开蓄电池负极电缆。

③ 断开直流母线。

④ 检查三相线检查固定螺栓的紧固力矩(电机控制器侧)是否符合标准。

⑤ 检查三相线检查固定螺栓的紧固力矩(电机侧)是否符合标准。

如果不是,则紧固电机三相线束;如果是,则进行下一步。

(5)检测驱动电机三相线束是否相互短路故障。

① 操作启动开关使电源模式至 OFF 状态。

② 断开蓄电池负极电缆。

③ 断开直流母线。

④ 断开驱动电机三相线束连接器 BV19。

⑤ 断开驱动电机三相线束连接器 EP62。

⑥ 用万用表按表 3.1.13 进行测量。

表 3.1.13　测量标准

测量位置 A	测量位置 B	测量标准值
BV19 - 1	BV19 - 2	标准电阻:20 kΩ 或更高
BV19 - 1	BV19 - 2	
BV19 - 2	BV19 - 3	

⑦ 确认测量值是否符合标准。

如果不是,则修理或更换线束;如果是,则进行下一步。

(6)检测驱动电机三相线绝缘电阻。

① 操作启动开关使电源模式至 OFF 状态。

② 断开直流母线。

③ 断开驱动电机三相线束连接器 BV19。

④ 用万用表按表 3.1.14 进行测量。

表 3.1.14　测量标准

测量位置 A	测量位置 B	测量标准值
BV19 - 1	车身接地	标准电阻:20 kΩ 或更高
BV19 - 2	车身接地	
BV19 - 3	车身接地	

⑤ 确认测量值是否符合标准。

如果不是,则修理或更换线束;如果是,则进行下一步。

(7)进行前后端盖清理检查。

① 拆卸电机。

② 用除锈清洗剂清洗端盖,确认端盖无灰尘、无杂物,止口无破损,无碰伤。

③用内径千分尺测量轴承室无磨损、甩圈、轴承室尺寸合格。

如果不正常,则修理或更换后端盖;如果正常,则进行下一步。

(8) 清理检查水套壳体。

①拆卸电机。

②用除锈清洗剂清洗,水套端面要求无灰尘、无杂物,止口无破损,无碰伤。

③用密封检测工装,检测壳体有无漏气现象。

④用水道检测工装,检测水道是否有堵塞、水道流量是否满足冷却要求。

⑤复测转子动平衡,超出规定数值后,需重新标定动平衡量。

⑥确认故障是否排除。

如果是,则诊断结束;如果不是,则进行下一步。

(9) 转子清理检查。

①拆卸电机。

②用电机专用拆装机拆出转子。

③用胶带清理转子灰尘、杂物,用除锈剂清除转子锈迹。

④检测转子,要求铁芯外径无鼓起、无破损、无剐蹭。

⑤复测转子动平衡,超出规定数值后,需重新标定动平衡量。

⑥确认故障是否排除。

如果是,则诊断结束;如果不是,则进行下一步。

(10) 定子检测清理检查。

①拆卸电机。

②用吸尘器清理定子灰尘,用除锈剂清除定子铁芯的锈迹,要求定子表面无灰尘,定子内圆无剐蹭、无杂物,定子线包无损伤,定子绝缘漆无脆裂等。

③用耐压绝缘表测试耐压、绝缘。

④定子综合测试仪测试电性能。

⑤出线端子更换。

⑥温度传感器绝缘检测。

⑦重新更换三相出线和温度传感器出线的绝缘管、热缩管。

⑧确认故障是否排除。

如果是,则诊断结束;如果不是,则进行下一步。

(11) 检测旋变定子。

①拆卸电机。

②用电阻计检测旋变定子电阻值。

③用耐压绝缘表测试耐压、绝缘。

④重新更换旋变信号线出线绝缘管、端子。

⑤确认故障是否排除。

如果是,则诊断结束;如果不是,则进行下一步。

(12) 前、后轴承更换。

① 拆卸电机。

② 用拉马拆除旧轴承,用专用压装工装,压轴承内圈,更换新轴承,轴承须装配到位。

③ 轴用轴承挡圈安装到位。

④ 确认故障是否排除。

如果是,则诊断结束;如果不是,则进行下一步。

(13) 更换驱动电机。

① 操作启动开关使电源模式至 OFF 状态。

② 断开蓄电池负极电缆。

③ 断开直流母线。

④ 更换驱动电机。

⑤ 确认电动座椅工作正常。

(14) 诊断结束。

四、任务实施

(一) 准备工作

吉利 EV450 纯电动汽车或其他纯电动汽车、跨接线(T 形线)、万用表、道通诊断仪或其他诊断仪、绝缘测试仪、绝缘胶布、绝缘工具、工位防护套装、个人安全防护套装、车内三件套、车外三件套、抹布等。

(二) 故障设置

电机的故障可以从以下几个方面来设置:电机旋变故障信号故障,电机过温故障,驱动电机三相线束故障、驱动电机绝缘故障、驱动电机异响、强烈振动或转速和输出功率达不到要求故障等。

(三) 故障诊断与排除过程并记录

1. 填写车辆信息(如表 3.1.15)

表 3.1.15 车辆信息

作业项目	作业内容
整车型号	
工作电压	
车辆识别代码	
电机型号	
里程表读数	

2. 故障点诊断与排除过程(如表3.1.16)

表 3.1.16　故障点诊断与排除过程

作业项目	作业内容				备注
故障现象确认					※ 确认故障症状并记录症状现象
模块通信状态及故障码检查					
正确读取数据	项目	数值	单位	判断	※ 如果无相关数据则无须填写
清除故障码并再次读取	确认故障码是否再次出现,并填写结果 □ 无 DTC □ 有 DTC				
确定故障范围	结合仪表现象、诊断数据和电路图分析,最有可能的故障范围:				
基本检查	线路/连接器外观及连接情况 □ 正常　□ 不正常_____ 零件安装等 □ 正常　□ 不正常_____				※ 不拆装
部件/电路测试	部件/线路范围	检查或测试后的判断结果			※ 注明测试条件、插件代码和编号,控制单元针脚代号以及测量结果
		□ 正常		□ 不正常	
		□ 正常		□ 不正常	
		□ 正常		□ 不正常	
		□ 正常		□ 不正常	
	波形采集(不用者不填)	□ 正常		□ 不正常	
故障部位确认和排除	故障类型	确认的故障位置		排除处理说明	
	线路故障			□ 更换 □ 维修 □ 调整	
	元件故障			□ 更换 □ 维修 □ 调整	

3. 最终维修结果确认(如表 3.1.17)

表 3.1.17　最终维修结果确认

作业项目	作业内容				备注
维修后故障代码读取,并填写读取结果					
与原故障相关数据检查结果	项目	数值	单位	判断	※表中项目检查有内容时填写检查结果,如果没有时填写"无"
维修后的功能操作确认并填写结果					

五、评价与反馈

学习任务评价表

小组　　　　　　学号　　　　　　姓名

项目内容	主要测评项目	自评			
		A	B	C	D
关键能力总结	1. 互相合作,过程严谨,诚实守信,大胆创新。 2. 不窃取他人研究成果,掌握驱动电机工作原理。 3. 能正确规范使用万用表。 4. 严格执行6S现场管理。 5. 遵守纪律、服从安排、注重节约。 6. 学习态度积极主动,能按时参加安排的实践活动				
专业知识与能力总结	1. 了解驱动电机系统的组成和类型。 2. 了解新能源汽车对驱动电机性能的要求。 3. 能够进行驱动电机的故障诊断与排除。 4. 操作规范,记录准确清晰				
知识点掌握情况	A	B		C	D
重点提取					
小组评价					
教师评价			总评成绩		

任务二　电机控制器故障诊断与排除

一、任务引入

一辆纯电动汽车不能正常起动,经过诊断仪检测,发现驱动电机控制器故障,对于此类故障该如何进行诊断与排除呢?

二、任务要求

知识要求:
1. 了解吉利 EV450 电机控制系统的组成及作用。
2. 了解吉利 EV450 电机控制器系统组成及电气原理。
3. 熟悉吉利 EV450 电机控制器低压信号接口端子定义。

技能要求:
1. 能够分析吉利 EV450 驱动电机系统电路图。
2. 能够对电机控制系统故障诊断与排除分析。

职业素养要求:
1. 工作严谨,规范操作。
2. 学会总结,为下次训练积累经验。
3. 团结协作,工作细致认真。

三、相关知识

(一)吉利 EV450 电机控制系统的作用

1. 电机控制器

电机控制器安装在前舱内,采用 CAN 通信控制,控制着动力电池组到电机之间能量的传输,同时采集电机位置信号和三相电流检测信号,精确地控制驱动电机运行。

电机控制器是一个既能将动力电池中的直流电转换为交流电以驱动电机,同时具备将车轮旋转的动能转换为电能(交流电转换为直流电)给动力电池充电的设备。

车辆制动或滑行阶段,电机作为发电机应用。它可以完成由车轮旋转的动能到电能的转换,给电池充电。

DC/DC 集成在电机控制器内部,其功能是将电池的高压电转换成低压电,提供整车低压系统供电。

2. 加速踏板位置传感器

作为系统的安全性保障之一,加速踏板位置传感器设计成双输出传感器。两个传感器的输出电压信号都随加速踏板的位置增加而增加。加速踏板位置传感器参数如表 3.2.1。

表 3.2.1　加速踏板位置传感器参数

项目	参数	单位
电源电压	5 ± 0.5	V
负载电阻	> 300	kΩ
操作力	5 ~ 44	N
踏板臂角度	≤ 18	度

3. 制动踏板开关

当驾驶员踩下制动踏板,表现制动或减速意图时,该开关将踏板位置信号转换成电压信号,通过硬线传递给 VCU。制动踏板开关内部有两组开关,一组为常闭开关,一组为常开开关。VCU 通过两组开关输出电压的变化判断驾驶员的制动或减速意图。制动踏板开关信号传递路线如图 3.2.1 所示。

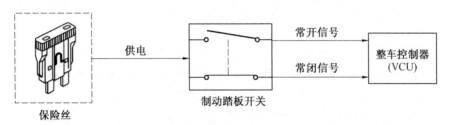

图 3.2.1　制动踏板开关信号传递路线

(二) 吉利 EV450 电机控制器系统电气原理

吉利 EV450 电机控制器系统电气原理如图 3.2.2 所示。

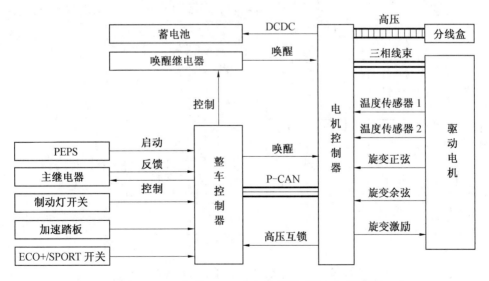

图 3.2.2　吉利 EV450 电机控制器系统电气原理图

(三)吉利帝豪驱动电机控制器

吉利帝豪驱动电机控制器接口如图 3.2.3 所示。

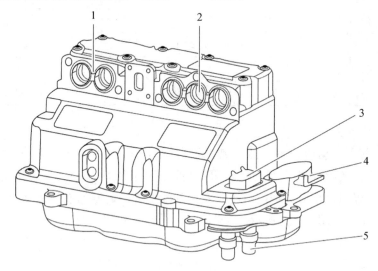

图 3.2.3 吉利帝豪驱动电机控制器接口

1—高压线上接口;2—驱动电机三相线束接口;3—低压信号接口;
4—低压(DC/DC)充电接口;5—冷却管口

吉利帝豪电机控制器的原理框图如图 3.2.4 所示。

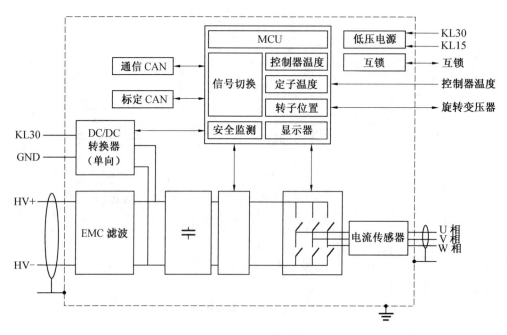

图 3.2.4 吉利帝豪电机控制器的原理框图

(1)电机控制器结构。电机控制器内部包含 1 个 DC/AC 逆变器和 1 个 DC/DC 直流转换器,逆变器由 IGBT、直流母线电容、驱动和控制电路板等组成,实现直流(可变的电压、电流)与交流(可变的电压、电流、频率)之间的转变。直流转换器由高低压功率器件、变压器、电感、驱动和控制电路板等组成,实现直流高压向直流低压的能量传递。电机控制器还包含冷却器(通冷却液)给电子功率器件散热。

(2)转矩控制模式。电机控制系统控制电机轴向四象限的转矩。由于没有转矩传感器,转矩指令(由整车控制器发送)被转换成为电流指令,并进行闭环控制。转矩控制模式只有在获得正确的初始偏移角度时才能进行。

(3)静态模式。静态模式在电机控制器(PEU)处于被动状态(待机状态)或故障状态时被激活。

(4)主动放电模式。主动放电用于高压直流端电容的快速放电。主动放电指令来自整车控制器的指令或由电机控制器(PEU)内部故障触发。

(5)DC/DC直流转换。电机控制器(PEU)中的DC/DC转换器将高压直流端的高压转换成指定的直流低压(12 V低压系统),低压设定值来自整车控制器指令。

(6)系统诊断功能。当故障发生时,软件根据故障级别使PEU进入安全状态或限制状态。安全状态包括主动短路或Freewheel模式,限制状态包括四个级别的功率/转矩输出限制。PEU软件中提供基于IOS-14229标准的诊断通信功能,如表3.2.2所示。

表3.2.2　诊断通信功能

诊断项目	诊断内容
传感器诊断	电流传感器、电压传感器、温度传感器、位置传感器等故障诊断
电机诊断	电流调节故障、电机性能检查、主动电机诊断短路或空转条件不满足、转子偏移角诊断等
CAN通信诊断	CAN内存检测、总线超时、报CAN通信诊断文长度、Checksum校验、收发计数器的诊断
硬件安全关诊断	相电流过流诊断、直流母线电压过压硬件安全关诊断、高/低压供电故障诊断、处理器监控等
DC/DC诊断	DC/DC传感器以及工作状态诊断

(四)吉利帝豪电机控制器低压信号接口端子定义

吉利帝豪电机控制器低压信号接口如图3.2.5所示,端子定义如表3.2.3所示。

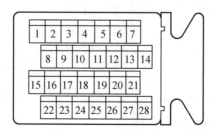

图3.2.5　吉利帝豪电机控制器低压信号接口

表3.2.3 吉利帝豪电机控制器低压信号接口端子定义

端子号	端子定义	线径/mm²	端子状态	状态
1	高压互锁输入	0.5Br	E－S－PLTIN	—
2	—	—	—	—
3	—	—	—	—
4	高压互锁输入	0.5W	W－S－PLOUT	—
5	温度传感器输入	0.5Br/W	E－A－EMTI	—
6	温度传感器输入	0.5R	M－A－EMTO	—
7	温度传感器输入	0.5L/R	E－A－EMTO	—
8	—	—	—	—
9	—	—	—	—
10	屏蔽线接地	0.5B	M－SCHIRM－VOGT	—
11	接地	0.5B	—	—
12	—	—	—	—
13	温度传感器输入	0.5W/G	E－A－EMTI	—
14	唤醒输入	0.5L/W	E－S－唤醒	—
15	resolVer＋EXC	0.5G		
16	resolVer＋COSLO	0.5P		
17	resolVer＋COSLO	0.5W		
18	—	—	—	—
19	—	—	—	—
20	CAN－H	L/R	总线	
21	CAN－L	0.5Gr/O	总线	
22	resolVer＋EXC	0.5O	A－F－LG－ERR－NEG	
23	resolVer＋COSHI	0.5L	E－F－LG－COSHI	
24	resolVer＋SINHI	0.5Y	E－F－LG－SINHI	
25	KL15	0.5R/B	E－S－KL15	
26	KL30	0.5R/Y	U－UKL30	
27	调试CAN－H	0.5P/W	总线	
28	调试CAN－L	0.5B/W	总线	

(五) 吉利EV450驱动电机系统电路图

吉利EV450驱动电机系统电路图如图3.2.6和图3.2.7所示。

项目三 驱动电机系统故障诊断与排除

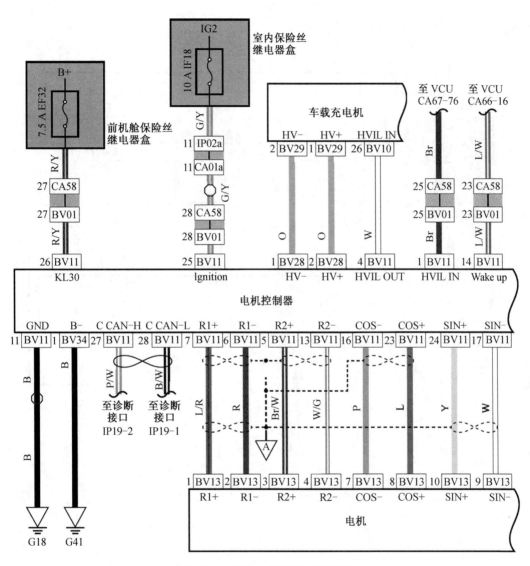

图 3.2.6 驱动电机系统电路图(1)

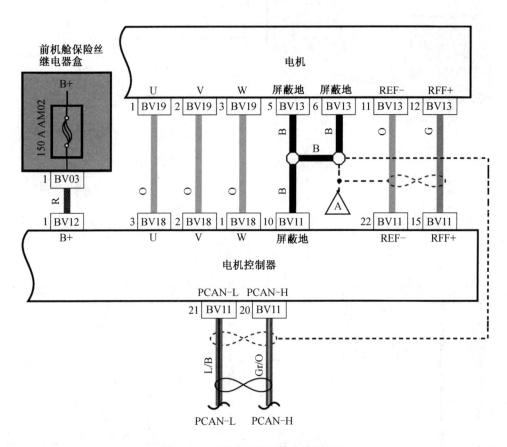

图 3.2.7 驱动电机系统电路图(2)

（六）电机控制系统故障诊断与排除分析

吉利 EV450 电机控制系统对应故障点的故障现象、故障码、故障数据流和模块通信情况如表 3.2.4。

表 3.2.4　吉利 EV450 电机控制系统对应故障点的故障现象、故障码、故障数据流和模块通信情况

序号	故障点	故障现象	故障代码及其含义	故障数据流	模块通信情况
1	BV11/5 与 BV13/3 断路	踩下制动，按下 SSB，Ready 灯亮，无异常现象	无故障码	无	正常
2	BV11/6 与 BV13/2 断路	踩下制动，按下 SSB，Ready 灯亮，无异常现象	无故障码	无	正常
3	BV11/7 与 BV13/1 断路	踩下制动，按下 SSB，Ready 灯亮，无异常现象	无故障码	无	正常
4	BV11/10 与（BV13/5 - BV13/6）断路	踩下制动，按下 SSB，Ready 灯亮，无异常现象	无故障码	无	正常
5	BV11/11 与接地断路	踩下制动，按下 SSB，Ready 灯亮，无异常现象	无故障码	无	正常
6	BV11/13 与 BV13/4 断路	踩下制动，按下 SSB，Ready 灯亮，无异常现象	无故障码	无	正常
7	BV11/14 与 BV1/23 断路	踩下制动，按下 SSB，Ready 灯亮，无异常现象；off 挡，插枪，不能充电	—		
8	BV11/15 与 BV13/12 断路	踩下制动，按下 SSB，Ready 灯不亮，蓄电池充电故障警告灯亮，系统故障警告灯亮，换挡杆旁背景灯不亮	VCU:P1C3404 电机控制器故障等级 2；IPU：P171100 信号失配错误；P0C5200consine/sine 输入信号低于电压阀值；P171400 锁向错误；P130C00RESOL VER 初始化错误	电机故障状态：电机控制器 2 级故障	
9	BV11/16 与 BV13/7 断路	踩下制动，按下 SSB，Ready 灯不亮，蓄电池充电故障警告灯亮，系统故障警告灯亮，换挡杆旁背景灯不亮	VCU:P1C3404 电机控制器故障等级 2；IPU：P130C00RESOL VER 初始化错误；P0C5200 consine/ sine 输入信号低于电压阀值	电机故障状态：电机控制器 2 级故障	正常

续表 3.2.4

序号	故障点	故障现象	故障代码及其含义	故障数据流	模块通信情况
10	BV11/17 与 BV13/9 断路	踩下制动,按下 SSB,Ready 灯亮,不能正常行驶	无故障码	无	正常
11	BV11/20 与 BV01/20 断路	踩下踏板,按下 SSB,Ready 灯不亮,蓄电池充电故障警告灯亮,系统故障警告灯亮,故障提醒警告灯亮,EPB 故障警告灯亮,ESC 系统故障指示灯亮,换挡杆旁背景灯不亮	VCU:U011087 与电机控制器通信丢失;P1C3E01 - ESC 失效;P14510 4 - IPU 执行关闭命令超时;P1C3C9 6 - TCS 报故障;P1C4296 车速信号警告故障;ESC:U010008 发动机控制单元信号无效;U012604 与转角传感器失去通信	VCU:VCU 发出的电机状态请求:下电	IPU 通信丢失
12	BV11/21 与 BV01/21 断路	踩下踏板,按下 SSB,Ready 灯不亮,蓄电池充电故障警告灯亮,系统故障警告灯亮,故障提醒警告灯亮,EPB 故障警告灯亮(故障提醒警告灯,EPB 故障警告灯很长一段时间闪烁),ESC 系统故障指示灯亮,换挡杆旁背景灯不亮	VCU:U011087 与电机控制器通信丢失;P1C3E01 - ESC 失效;P1C3C96 - TCS 报故障;P1C4296 车速信号警告故障;ESC:U010008 发动机控制单元无效;U012604 与转交传感器失去通信	VCU:VCU 发出的电机状态请求:下电	IPU 通信丢失
13	BV11/22 与 BV13/11 断路	踩下制动,按下 SSB,Ready 灯不亮,蓄电池充电故障警告灯亮,系统故障警告灯亮,换挡杆旁背景灯不亮	VCU:P1C3404 电机控制器故障等级 2;IPU:P171100 信号失配错误;P0C5200consine/sine 输入信号低于电压阀值;P171400 锁向错误;P130C00RESOL VER 初始化错误	电机故障状态:电机控制器 2 级故障	正常
14	BV11/23 与 BV13/8 断路	踩下制动,按下 SSB,Ready 灯不亮,蓄电池充电故障警告灯亮,系统故障警告灯亮,换挡杆旁背景灯不亮	VCU:P1C3404 电机控制器故障等级 2;IPU:P130C00RESOL VER 初始化错误;P0C5200 consine/sine 输入信号低于电压阀值	电机故障状态:电机控制器 2 级故障	正常

续表 3.2.4

序号	故障点	故障现象	故障代码及其含义	故障数据流	模块通信情况
15	BV11/24 与 BV13/10 断路	踩下制动,按下 SSB,Ready 灯亮,不能正常行驶	无故障码	无	正常
16	BV11/25 与 BV01/28 断路	踩下制动,按下 SSB,Ready 灯亮,无异常现象	无故障码	无	正常
17	BV11/26 与 BV01/27 断路	踩下踏板,按下 SSB,Ready 灯不亮,蓄电池充电故障警告灯亮,系统故障警告灯亮,故障提醒警告灯亮,EPB 故障警告灯亮,ESC 系统故障指示灯亮,换挡杆旁背景灯不亮	VCU:U011087 与电机控制器通信丢失；P11C3E0 1 - ESC 失效；P11C3C9 6 - TCS 报故障；P1C4296 车速信号警告故障；ESC:U010008 发动机控制单元信号无效	VCU:VCU 发出的 BMS 放电状态请求:下高压；BMS 状态模式:下电	与 IPU 通信丢失
18	BV11/27 与 BV01/30 断路	踩下制动,按下 SSB,Ready 灯亮,无异常现象	无故障码	无	正常
19	BV11/28 与 BV01/31 断路	踩下制动,按下 SSB,Ready 灯亮,无异常现象	无故障码	无	正常
20	BV11/27 与 BV01/30 断路,BV11/28 与 BV01/31 断路	踩下制动,按下 SSB,Ready 灯亮,无异常现象	无故障码	无	正常
21	BV11/1 与 BV01/25 断路	踩下踏板,按下 SSB,Ready 灯不亮,蓄电池充电故障警告灯亮,系统故障警告灯亮,换挡杆旁背景灯不亮	VCU:P1C4096 高压互锁故障；P1C8E04 高压互锁 PWM 输出信号开路	VCU:VCU 的高压互锁信号:故障	正常
22	BV11/4 与 BV10/26 断路	踩下踏板,按下 SSB,Ready 灯不亮,蓄电池充电故障警告灯亮,系统故障警告灯亮,换挡杆旁背景灯不亮	VCU:P1C4096 高压互锁故障；P1C8E04 高压互锁 PWM 输出信号开路	VCU:VCU 的高压互锁信号:故障	正常
23	IF18 断路（BMS 保险丝）	踩下制动,SSB 开关亮绿灯,可以进入 ACC ON 挡；踩下制动,按下 SSB,Ready 灯亮,仪表无异常	无	无	正常

续表 3.2.4

序号	故障点	故障现象	故障代码及其含义	故障数据流	模块通信情况
24	EF32 断路（PEU 保险丝）	踩下制动,按下 SSB,Ready 灯不亮,蓄电池故障警告灯亮,系统故障警告灯亮,ESC 系统故障警告灯亮,过一会后 EPB 故障警告灯、故障提醒警告灯、换挡杆旁背景灯不亮	BMS:U011087 与电机控制器通信丢失;VCU:P1C3E0 1 - ESC 失效;P1C4296 车速信号警告故障;P1C4296 车速信号警告故障;P1C3C96TCS 报故障;ESCU010008 发动机控制信号无效	无	与 IPU 丢失通信

通过对比和分析,可以得出以下结论:

(1) 单个模块丢失通信的故障原因可能是模块的供电线故障、搭铁线故障、CAN 总线故障、模块本体故障等。

(2) 多个模块丢失通信的原因可能是 CAN 总线故障。

(3) IG2 电对于电机控制器来说是冗余设计(唤醒电机控制器),IG2 电出现故障,没有明显故障现象。

(4) CAN - H 对 5 V 短路,或者 CAH - L 对地出现短路,无故障现象。

四、任务实施

(一) 准备工作

吉利 EV450 纯电动汽车或其他纯电动汽车、跨接线(T 形线)、万用表、道通诊断仪或其他诊断仪、绝缘测试仪、绝缘胶布、绝缘工具、工位防护套装、个人安全防护套装、车内三件套、车外三件套、抹布等。

(二) 故障设置

可以从以下故障点选取:

电机控制器至车载充电机间高压互锁连接线路断路、虚接、短路故障,互锁线路对地短路、电机控制器内部互锁断路(开盖保护安装不到位或缺失)等。

(三) 故障诊断与排除过程并记录

1. 填写车辆信息(如表 3.2.5)

表 3.2.5　车辆信息

作业项目	作业内容
整车型号	
工作电压	
车辆识别代码	
电机型号	
里程表读数	

2. 故障点诊断与排除过程(如表3.2.6)

表 3.2.6 故障点诊断与排除过程

作业项目	作业内容				备注
故障现象确认					※ 确认故障症状并记录症状现象
模块通信状态及故障码检查					
正确读取数据	项目	数值	单位	判断	※ 如果无相关数据则无须填写
清除故障码并再次读取	确认故障码是否再次出现,并填写结果 □ 无 DTC □ 有 DTC				
确定故障范围	结合仪表现象、诊断数据和电路图分析,最有可能的故障范围:				
基本检查	线路／连接器外观及连接情况 □ 正常　□ 不正常＿＿＿＿＿ 零件安装等 □ 正常　□ 不正常＿＿＿＿＿				※ 不拆装
部件／电路测试	部件／线路范围	检查或测试后的判断结果			※ 注明测试条件、插件代码和编号,控制单元针脚代号以及测量结果
		□ 正常		□ 不正常	
		□ 正常		□ 不正常	
		□ 正常		□ 不正常	
		□ 正常		□ 不正常	
	波形采集(不用者不填)	□ 正常		□ 不正常	
故障部位确认和排除	故障类型	确认的故障位置	排除处理说明		
	线路故障		□ 更换 □ 维修 □ 调整		
	元件故障		□ 更换 □ 维修 □ 调整		

3. 最终维修结果确认(如表3.2.7)

表3.2.7 最终维修结果确认

作业项目	作业内容				备注
维修后故障代码读取,并填写读取结果					
与原故障相关数据检查结果	项目	数值	单位	判断	※ 表中项目检查有内容时填写检查结果,如果没有时填写"无"
维修后的功能操作确认并填写结果					

五、评价与反馈

学习任务评价表

小组		学号		姓名			

项目内容	主要测评项目	自评			
		A	B	C	D
关键能力总结	1. 能看懂并能够分析电路图。 2. 具有安全意识、责任意识,注重节约。 3. 学习态度积极主动,能按时参加安排的实践活动。 4. 仪容仪表符合学习活动要求				
专业知识与能力总结	1. 了解吉利 EV450 电机控制系统的作用。 2. 了解吉利 EV450 电机控制器系统电气原理。 3. 了解吉利帝豪驱动电机控制器。 4. 了解吉利 EV450 电机控制器低压信号接口端子定义。 5. 能读懂吉利 EV450 驱动电机系统电路图。 6. 能严格遵守新能源汽车维修作业规范。 7. 严格执行 6S 现场管理				
自我评价					
小组评价					
教师评价		总评成绩			

项目四　充电系统故障诊断与排除

任务一　慢充系统故障诊断与排除

一、任务引入

一辆新能源汽车充电系统发生故障,经过检查,是慢充系统出现了故障,那么针对这种故障,我们该怎么对其进行故障诊断与排除呢?

二、任务要求

知识要求:
1. 了解充电系统功能和充电结构的组成和定义。
2. 了解吉利 EV450 充电系统电气原理及充电指示灯含义。
3. 了解吉利 EV450 交流充电系统。

技能要求:
1. 能够通过灯光颜色判断充电状态。
2. 能对吉利 EV450 进行故障诊断与排除分析。

职业素养要求:
1. 能严格遵守新能源汽车维修作业规范。
2. 严格执行 6S 现场管理。
3. 保证工作场所清洁。

三、相关知识

(一)充电系统功能

充电系统从功能上分为快充系统、慢充系统、低压充电系统、能量回收系统四项。

1. 快充系统

车辆快充功能由非车载充电机、直流充电口(带高压线束)和动力蓄电池等部件组成。

2. 慢充系统

慢充系统由交流充电口(带高压线束)、交流充电插座、交流充电插头、动力蓄电池、车载充电机等部分组成。

3. 低压充电系统

低压充电系统主要由辅助蓄电池、DC/DC、动力蓄电池、高压控制盒等部分组成。

4. 能量回收系统

能量回收系统主要由制动开关、动力蓄电池、驱动电机、整车控制器、高压线束等部分组成。

（二）充电接口

交流充电口安装在车上左前翼子板上，直流充电口安装在车身左后侧。充电时，根据选择的充电类型，连接交流充电插头或者直流充电插头到相应的充电插座，连接正确后开始充电。充电口连接后形成检测回路，当出现连接故障时，系统可以检测该故障。

交流充电接口，电动汽车传导充电用的交流充电接口，其额定电压不超过 440 V（AC），频率 50 Hz，额定电流不超过 63 A（AC）（如果交流充电接口的供电接口使用了符合 GB2099.1 和 GB1002 的标准化的插头插座，则本部分不适于这些插头插座）。

考虑民用充电设施的安全、能源供给端的合理规划及乘用车辆的实际能源补给需求等问题，采用额定电流不超过 32 A 的单相交流供电方式。

交流充电接口是为具有车载充电机的乘用车辆提供能源补给的连接接口。交流充电接口包含 7 个触头，其功能定义如表 4.1.1。交流充电接口插头和插座的各个触头布置方式如图 4.1.1 所示。

表 4.1.1　交流充电接口触头功能定义

触头编号	触头标识	额定电压和额定电流	功能定义
1	L1	250 V 10 A/16 A/32 A	交流电源（单相）
		440 V 16 A/32 A/63 A	交流电源（三相）
2	L2	440 V 16 A/32 A/63 A	交流电源（三相）
3	L3	440 V 16 A/32 A/63 A	交流电源（三相）
4	N	250 V 10 A/16 A/32 A	中线（单相）
		440 V 16 A/32 A/63 A	中线（三相）
5	⏚	—	保护接地（PE），连接供电设备地线和车辆电平台
6	CC	0 V ~ 30 V 2 A	充电连接确认
7	CP	0 V ~ 30 V 2 A	控制导引

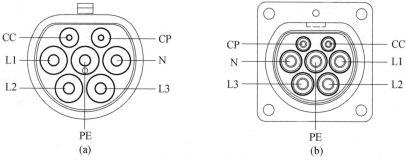

图 4.1.1　交流充电接口插头和插座的各个触头布置方式

在充电连接过程中,首先接通保护接地触头,最后接通控制导引触头与充电连接确认触头。在脱开的过程中,首先断开控制导引触头与充电连接确认触头,最后断开保护接地触头。交流充电车辆接口的电气连接界面示意图如图4.1.2所示。充电模式3的供电接口的电气连接界面示意图如图4.1.3所示。

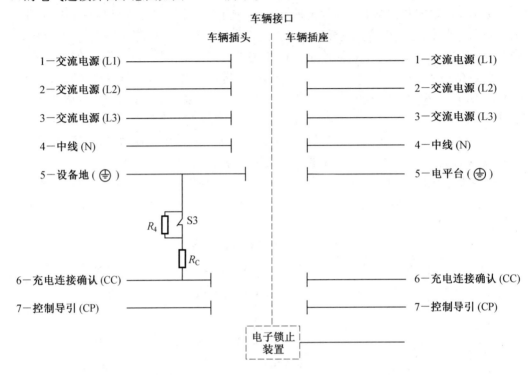

图4.1.2　交流充电车辆接口的电气连接界面示意图

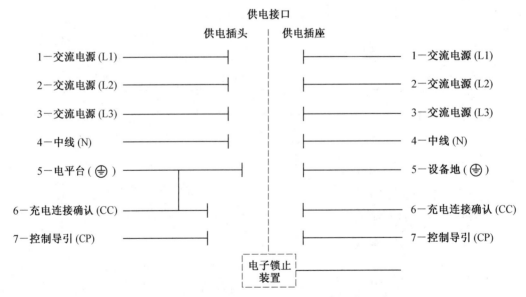

图4.1.3　充电模式3的供电接口的电气连接界面示意图

(三)吉利 EV450 充电指示灯

充电指示灯位于车辆充电接口上方,用于指示不同的充电状态。任意电源挡位,当 BCM 收到 BMS 的充电状态信息时,驱动充电指示灯工作,显示充电状态。充电指示灯状态显示定义如表 4.1.2。

表 4.1.2 充电指示灯状态

颜色	状态	说明
白色	常亮 2 分钟	充电照明
黄色	常亮 2 分钟	充电加热
绿色	闪烁 2 分钟	充电过程
蓝色	常亮 2 分钟	预约充电
绿色	常亮 2 分钟	充电完成
红色	常亮 2 分钟	充电故障
蓝色	闪烁 2 分钟	放电过程

上述显示信号中"正在充电"状态显示为即时显示,"充电完成、充电故障"显示为延时关闭,即收到相应的状态信号时显示相应的状态,15 分钟后自动熄灭,期间若充电状态变化(如由"充电故障"变为"正在充电"状态)则立即切换为相应的状态。充电指示灯由 BMS 信号提供给 BCM,BCM 控制指示灯状态。充电指示灯控制流程图如图 4.1.4 所示。

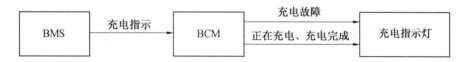

图 4.1.4 充电指示灯控制流程图

(四)吉利 EV450 充电系统电气原理

吉利 EV450 充电系统电气原理如图 4.1.5 所示。

(五)吉利 EV450 交流充电系统

吉利 EV450 交流充电系统如图 4.1.6 和图 4.1.7 所示。

(六)吉利 EV450 交流充电系统故障诊断与排除分析

吉利 EV450 交流充电系统对应故障点的故障现象、故障码、故障数据流和模块通信情况见表 4.1.4。

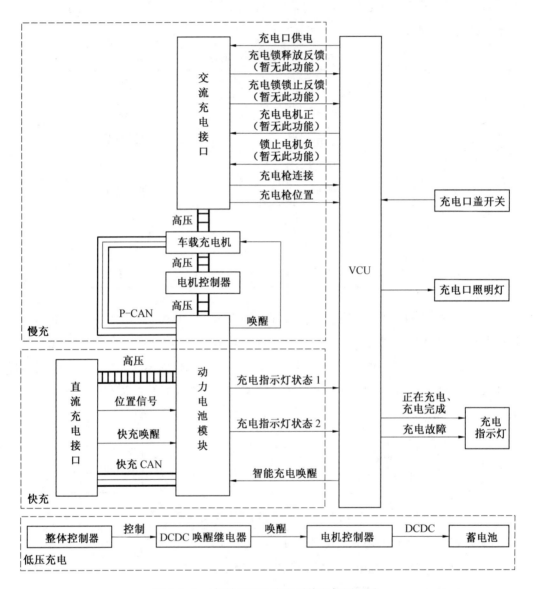

图 4.1.5 吉利 EV450 充电系统电气原理图

项目四　充电系统故障诊断与排除

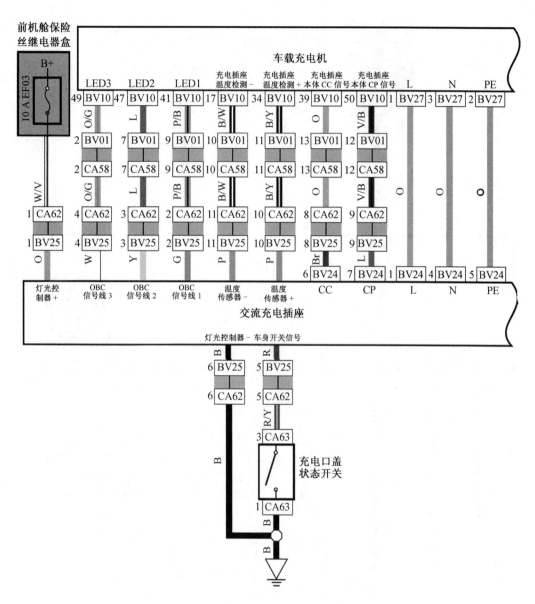

图 4.1.6　吉利 EV450 交流充电系统(1)

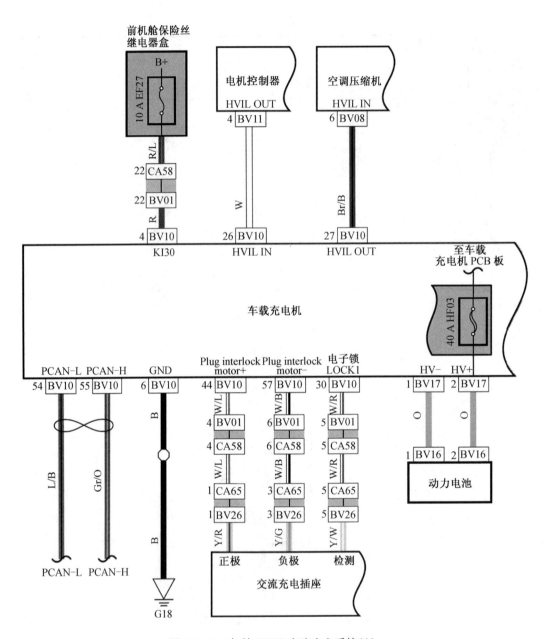

图 4.1.7 吉利 EV450 交流充电系统(2)

表 4.1.3　吉利 EV450 交流充电系统对应故障点的故障现象、故障码、故障数据流和模块通信情况

序号	故障点	故障现象	故障代码及其含义	故障数据流	模块通信情况
1	BV10/4 与 BV01/22 断路	踩下踏板,按下 SSB,Ready 灯亮,系统故障警告灯亮,风扇常转。OFF 挡,插枪:充电线连接指示灯不亮,动力电池充电指示灯不亮,充电枪口灯不亮,充电线指示灯异常	VCU:U111587 与 OBC 失去通信	VCU:OBC 状态请求	与 OBC 通信丢失
2	BV10/6 与 G18 接地断路	踩下踏板,按下 SSB,Ready 灯亮,无异常现象,OFF 挡,插枪:充电线连接指示灯亮,动力电池充电指示灯亮,充电枪口亮,充电线指示灯正常	无故障码	无	正常
3	BV10/17 与 BV01/10 断路	踩下踏板,按下 SSB,Ready 灯亮,无异常现象,OFF 挡,插枪:充电线连接指示灯亮,动力电池充电指示灯不亮,充电枪口灯不亮,充电线上指示灯异常,ON 挡系统故障警告灯亮,蓄电池充电故障警告灯亮	VCU:P1C2004 车载充电机故障:紧急关闭;插枪后多一个码 OBC:P1A8998 热敏电故障失效故障	OBC:电子锁马达状态;未上锁;电网输入电流:0 A;电网输入电压:0 V;引导电路电压:8.88 V	正常
4	BV10/30 与 BV01/5 断路	踩下踏板,按下 SSB,Ready 灯亮,无异常现象,OFF 挡,可以正常充电	无	OBC:电子锁马达状态;未上锁	正常
5	BV10/34 与 BV01/11 断路	踩下踏板,按下 SSB,Ready 灯亮,无异常现象,OFF 挡,插枪:充电线连接指示灯亮,动力电池充电指示灯不亮,充电插口指示灯不亮,充电线指示灯异常,ON 挡,系统故障警告灯亮,蓄电池充电故障警告灯亮	VCU:P1C2004 车载充电机故障:紧急关闭;插枪后多一个 OBC:P1A8998 热敏电故障失效故障	OBC:电子锁马达状态;未上锁;电网输入电流:0 A;电网输入电压:0 V;引导电路电压:8.88 V	正常

续表 4.1.3

序号	故障点	故障现象	故障代码及其含义	故障数据流	模块通信情况
6	BV10/39 与 BV01/13 断路	踩下踏板,按下 SSB,Ready 灯亮,无异常现象,OFF 挡,插枪:充电线连接指示灯不亮,动力电池充电指示灯不亮,充电插口指示灯不亮,充电线指示灯异常	无	OBC:电子锁马达状态;未上锁;电网输入电流:0 A;电网输入电压:0 V;引导电路电压:8.88 V	EPS/IPU 丢失通信
7	BV10/41 与 BV01/9 断路	踩下踏板,按下 SSB,Ready 灯亮,无异常现象,OFF 挡,插枪:正常	无	无	正常
8	BV10/44 与 BV01/4 断路	踩下踏板,按下 SSB,Ready 灯亮,无异常现象,OFF 挡,插枪:充电线连接指示灯亮,动力电池充电指示灯亮,充电口指示灯亮,充电线上指示灯亮,但可以直接拔下枪	无	OBC:电子锁马达状态;未上锁	正常
9	BV10/47 与 BV01/7 断路	踩下踏板,按下 SSB,Ready 灯亮,无异常现象,OFF 挡,插枪:充电线连接指示灯亮,动力电池充电指示灯亮,充电口指示灯亮,充电线上指示灯亮,但可以直接拔下枪	无	无	正常
10	BV10/49 与 BV01/2 断路	踩下踏板,按下 SSB,Ready 灯亮,无异常现象,OFF 挡,插枪:可以正常充电	无	无	正常
11	BV10/50 与 BV01/12 断路	踩下踏板,按下 SSB,Ready 灯亮,无异常现象,OFF 挡,插枪:充电线连接指示灯亮,动力电池充电指示灯不亮,充电口指示灯不亮,充电线上指示灯异常	无	OBC:电子锁马达状态;未上锁;电网输入电流:0 A;电网输入电压:0 V;引导电路电压:1 V	正常

续表 4.1.3

序号	故障点	故障现象	故障代码及其含义	故障数据流	模块通信情况
12	BV10/54 与 BV15/15 断路	踩下踏板,按下 SSB,Ready 灯亮,系统故障警告灯亮,风扇常转,OFF 挡,插枪:充电线连接指示灯不亮,动力电池充电指示灯不亮,充电口指示灯不亮,充电线上指示灯异常	VCU:U111587 与 OBC 失去通信	无	与 OBC 失去通信
13	BV10/55 与 BV15/14 断路	踩下踏板,按下 SSB,Ready 灯亮,系统故障警告灯亮,风扇常转,OFF 挡,插枪:充电线连接指示灯不亮,动力电池充电指示灯不亮,充电口指示灯不亮,充电线上指示灯异常	VCU:U111587 与 OBC 失去通信	无	与 OBC 失去通信
14	BV10/57 与 BV01/6 断路	踩下踏板,按下 SSB,Ready 灯亮,OFF 挡,插枪:可以充电	无	OBC:电子锁马达状态;未上锁	正常
15	BV10/26 与 BV11/4 断路	踩下踏板,按下 SSB,Ready 灯不亮,系统故障警告灯亮,蓄电池充电故障警告灯亮,换挡杆旁背景灯不亮,OFF 挡,插枪:充电线连接指示灯亮,动力电池充电指示灯不亮,充电枪口指示灯不亮,充电线指示灯异常	VCU:P1C4096 高压互锁故障;P1C8E04 高压互锁 PWM 信号输出开路	VCU:VCU 的高压互锁信号故障;电网输入电流:0 A;电网输入电压:0 V;引导电路电压:8.88 V	正常
16	BV10/27 与 BV08/6 断路	踩下踏板,按下 SSB,Ready 灯不亮,系统故障警告灯亮,蓄电池充电故障警告灯亮,换挡杆旁背景灯不亮,OFF 挡,插枪:充电线连接指示灯亮,动力电池充电指示灯不亮,充电枪口指示灯不亮,充电线指示灯异常	VCU:P1C4096 高压互锁故障;P1C8E04 高压互锁 PWM 信号输出开路	VCU:VCU 的高压互锁信号故障;电网输入电流:0 A;电网输入电压:0 V;引导电路电压:8.88 V	正常
17	EF27 断路（OBC 保险丝）	踩下制动,按下 SSB,Ready 灯亮,过一会后系统故障警告灯亮,风扇常转,再过一会后系统故障提醒警告灯闪烁后熄灭	BCM:U111587 与 OBC 失去通信	无	与 OBC 失去通信

续表 4.1.3

序号	故障点	故障现象	故障代码及其含义	故障数据流	模块通信情况
18	EF03 断路（直流充电插座保险丝）	踩下制动，按下 SSB，Ready 灯亮，充电线连接指示灯亮，动力电池充电指示灯亮，充电线上连接指示灯亮，充电口照明灯不亮	无	无	

通过对比和分析，可以得出以下结论：

（1）单个模块丢失通信的故障原因可能是模块的供电线故障、搭铁线故障、CAN 总线故障、模块本体故障等。

（2）多个模块丢失通信的原因可能是 CAN 总线故障。

（3）CAN-H 对 5 V 短路，或者 CAH-L 对地出现短路，无故障现象。

（4）OBC 低压常供电电路断路时，散热冷却风扇会常转。

四、任务实施

（一）准备工作

吉利 EV450 纯电动汽车或其他纯电动汽车、跨接线（T 形线）、万用表、道通诊断仪或其他诊断仪、绝缘测试仪、绝缘胶布、绝缘工具、工位防护套装、个人安全防护套装、车内三件套、车外三件套、抹布、故障件等。

（二）故障设置

可以从以下部件或线路设置故障：

随车充电枪、车载充电机供电线路、车载充电机 P-CAN、车载充电机高压保险丝、车载充电机低压线束（CC、CP）等。

（三）故障诊断与排除过程并记录

1. 填写车辆信息（如表 4.1.4）

表 4.1.4 车辆信息

作业项目	作业内容
整车型号	
工作电压	
车辆识别代码	
电机型号	
里程表读数	

2. 故障点诊断与排除过程(如表4.1.5)

表4.1.5　故障点诊断与排除过程

作业项目	作业内容				备注
故障现象确认					※ 确认故障症状并记录症状现象
模块通信状态及故障码检查					
正确读取数据	项目	数值	单位	判断	※ 如果无相关数据则无须填写
清除故障码并再次读取	确认故障码是否再次出现,并填写结果 □ 无 DTC □ 有 DTC				
确定故障范围	结合仪表现象、诊断数据和电路图分析,最有可能的故障范围:				
基本检查	线路/连接器外观及连接情况 □ 正常　□ 不正常_____ 零件安装等 □ 正常　□ 不正常_____				※ 不拆装
部件/电路测试	部件/线路范围	检查或测试后的判断结果			※ 注明测试条件、插件代码和编号,控制单元针脚代号以及测量结果
		□ 正常		□ 不正常	
		□ 正常		□ 不正常	
		□ 正常		□ 不正常	
		□ 正常		□ 不正常	
	波形采集(不用者不填)	□ 正常		□ 不正常	
故障部位确认和排除	故障类型	确认的故障位置	排除处理说明		
	线路故障		□ 更换 □ 维修 □ 调整		
	元件故障		□ 更换 □ 维修 □ 调整		

3. 最终维修结果确认(如表 4.1.6)

表 4.1.6　最终维修结果确认

作业项目	作业内容				备注
维修后故障代码读取,并填写读取结果					
与原故障相关数据检查结果	项目	数值	单位	判断	※表中项目检查有内容时填写检查结果,如果没有时填写"无"
维修后的功能操作确认并填写结果					

五、评价与反馈

学习任务评价表

小组　　　　　学号　　　　　姓名

项目内容	主要测评项目	自评			
		A	B	C	D
关键能力总结	1. 学习态度积极,能主动深入研究。 2. 遵守纪律,服从学习场所管理规定,听从安排。 3. 能严格遵守新能源汽车维修作业规范。 4. 善于总结,为下次总结经验。 5. 保证工作场所清洁。 6. 仪容仪表符合学习活动要求				
专业知识与能力总结	1. 了解充电系统功能和充电结构的组成和定义。 2. 了解吉利 EV450 充电系统电气原理及充电指示灯含义。 3. 了解吉利 EV450 交流充电系统。 4. 能对吉利 EV450 进行故障诊断与排除分析。 5. 严格执行 6S 现场管理				
自我评价					
小组评价					
教师评价		总评成绩			

任务二 快充系统故障诊断与排除

一、任务引入

一辆新能源汽车充电系统发生故障,经过检查,是快充系统出现了故障,那么针对这种故障,我们该怎么对其进行故障诊断与排除呢?

二、任务要求

知识要求:

1. 了解快充系统充电过程。
2. 了解快充连接原理与快充系统连接流程技能要求。
3. 了解快充系统连接流程。

技能要求:

1. 能够看懂并分析吉利 EV450 直流快充系统电路图。
2. 能对吉利 EV450 进行故障诊断与排除分析。

职业素养要求:

1. 保持工作场所干净整洁。
2. 注重团结,共同合作。
3. 尊重他人劳动成果。

三、相关知识

(一)快充系统充电过程

1. 快充枪的连接过程

快充桩通过充电枪与快充接口(车上侧)的信号连接(以新能源 EV160/200 为例),如图 4.2.1 所示。快充枪插入车辆快充接口后,快充桩通过快充接口的 CC1 信号判断充电插头与车辆是否连接,而车端则根据 CC2 信号进行判断,只有当车端和桩端都判定充电枪已连接才能判断为充电连接确认无误。

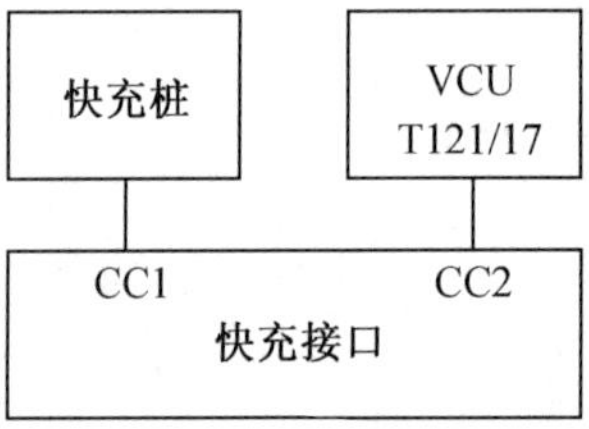

图 4.2.1 充电枪与快充接口(车上侧)的信号连接

2. 快充唤醒信号

快充唤醒是为了配合快充完成,车辆其他相关系统从原来的休眠状态转入充电状态。相应的唤醒信号控制(以新能源 EV160/200 为例)如图 4.2.2 所示。快充充电枪与车身快充接口连接后,快充桩低压电源继电器 K3、K4 闭合,12 V 低压辅助电源输入车身 VCU、RMS(数据采集终端)和仪表,唤醒各部件并通电工作,为车与充电桩的握手对话做准备。VCU 输出 BMS 唤醒信号,BMS 进入充电准备状态;VCU 输出快充使能信号,DC/DC 变换器进入工作状态,保障充电中所需要的辅助电能;VCU 输出快充唤醒信号,保障充电桩和车握手时的数据通信,也保障充电过程中充电桩和车数据通信。

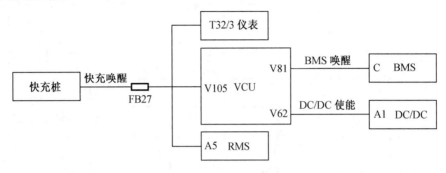

图 4.2.2 唤醒信号控制

3. 快充 CAN 电路

快充 CAN 电路由 RMS 数据采集终端、BMS、直流快充桩和诊断接口组成(以新能源 EV160/200 为例),如图 4.2.3 所示,在快充时完成三个部件的数据传输,RMS 数据采集终端只提供检测数据。

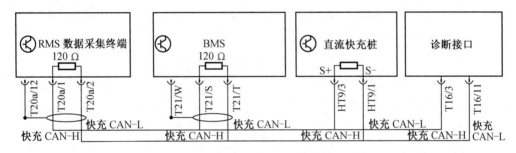

图 4.2.3 快充 CAN 电路

快充的整个过程,充电桩与车辆不断交换信息,包括充电枪刚连接时握手过程的数据交换等,进入充电状态时车辆端仍然需要向桩端传输允许充电电流、电池温度、SOC、充电中止等信息,桩端向车辆端传输输出的最大电流、电压、充电终止等信息,大量的信息通过快充 CAN 线传输,快充 CAN 保障充电过程大量数据通信的需求。

(二) **快充连接原理与快充系统连接流程**

1. 快充连接原理

车与快充桩连接原理如图 4.2.4 所示,S 是充电枪常闭开关,由充电枪顶端按钮控制 S 的通断,平常是处于常接通的状态,按下按钮则 S 断开。通过快充系统结构原理图可以发现,快充系统充电并没有通过车载充电设备,动力蓄电池(电池包)正负极通过 K5、K6 直接与输入电源正负极相连,而充电机利用 CC 与 PE 接地之间的电阻值来确认充电枪是否正确连接,车辆则通过 CC2 信号来完成。在快充系统中,所有的充电需求与信号传输都是通过 S + 、S − 的 CAN 总线来完成的。此外,充电桩还提供了 A + 、A − 的 12 V 辅助蓄电池供电电压来保证车辆低压控制单元的运行。

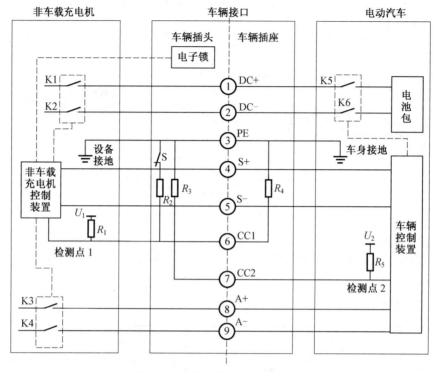

图 4.2.4　车与快充桩连接原理

其中检测点 1(CC1) 的电压是充电桩确认点,充电桩采集该点电压作为判断桩与车连接正确与否的依据,检测点 2(CC2) 的电压是车辆确认点,车辆采集该点电压作为判断连接正确与否的依据。

2. 快充系统连接流程

快充系统连接流程如图 4.2.5 所示。检测 CC1 和 CC2 测量电压的变化,完成充电桩和车身的连接确认。

在快充的过程中,唤醒电源由快充桩直接提供,12 V 唤醒信号唤醒 VCU、仪表和数据采集器,VCU 唤醒 BMS 与 DC/DC 变换器转入快充状态。

快充枪插入充电接口后,在完成连接确认后,充电枪与车通过 CAN 总线进行握手通信,快充枪主要是完成 BMS、车辆辨识、动力

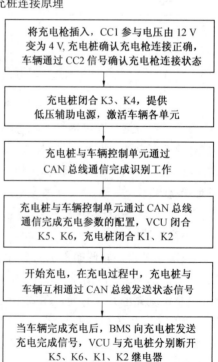

图 4.2.5　快充系统连接流程

蓄电池充电参数和充电需求等信息的采集,车辆完成充电机辨识在电机最大输出能力等信息的采集,满足双方协议后,充电桩开始输送电量,车上动力蓄电池接受充电。在充电过程中,快充枪和充电桩互相交换信息,包括动力蓄电池 SOC 值、电池温度、充电电压、充电电流、绝缘状况和连接状态等参数,重要参数出现问题时,充电桩和快充枪都可以终止充电并向对方发出信息动力蓄电池和整车不受损坏,保障充电过程快速和安全。

(三)吉利 EV450 直流快充系统

吉利 EV450 直流快充系统如图 4.2.6 所示。

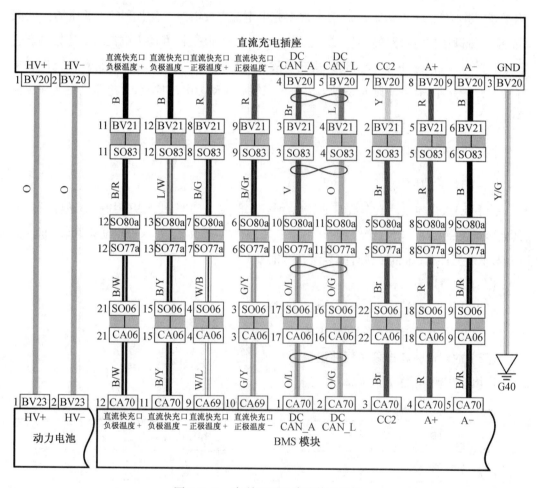

图 4.2.6　吉利 EV450 直流快充系统

(四)直流快充系统故障诊断与排除分析

1. 常见故障

(1)快充桩与车辆无法通信。快充桩与车辆无法通信的主要原因有唤醒线路熔丝损坏,搭铁点搭铁不良,快充枪、快充口 1 快充线束、低压电器盒、整车控制器、动力电池低压控制插件等部件的低压辅助电源针脚、连接确认针脚、快充 CAN 针脚等损坏,退针、烧蚀、锈蚀、动力电池和数据采集终端快充CAN总线间的电阻不符合。

（2）快充桩与车辆通信正常但无充电电流。快充桩与车辆通信正常但无充电电流的主要原因有高压控制盒快充继电器线路熔丝损坏、主熔丝损坏、低压电器盒损坏、高压控制盒损坏、快充线束损坏，动力电池BMS快充唤醒失常。

2. 故障排除思路

排除"快充桩与车辆无法通信"故障，首先检查线路连接情况，然后检查快充系统各部件低压辅助电源、连接确认信号、快充CAN线路等的针脚情况以及电压、电阻等是否符合要求。排除"快充桩与车辆通信正常无充电电流"故障时，显然没有了低压通信的问题，应检查高压供电线路的熔丝、线束、继电器等有无问题，检查动力电池与高压控制盒连接插件的电压，检查动力电池BMS快充唤醒信号是否正常，检查高压控制盒快充连接端子电压是否正常，有电压则联系动力电池厂家售后对动力电池检测，无电压则更换高压控制盒。

四、任务实施

（一）准备工作

吉利EV450纯电动汽车或其他纯电动汽车、跨接线（T形线）、万用表、道通诊断仪或其他诊断仪、绝缘测试仪、绝缘胶布、绝缘工具、工位防护套装、个人安全防护套装、车内三件套、车外三件套、抹布、故障件、直流充电枪等。

（二）故障设置

可以从以下部件或线路设置故障：

直流充电枪、直流充电低压线束等。

（三）故障诊断与排除过程并记录

1. 填写车辆信息（如表4.2.1）

表4.2.1　车辆信息

作业项目	作业内容
整车型号	
工作电压	
车辆识别代码	
电机型号	
里程表读数	

2. 故障点诊断与排除过程(如表 4.2.2)

表 4.2.2　故障点诊断与排除过程

作业项目	作业内容				备注
故障现象确认					※ 确认故障症状并记录症状现象
模块通信状态及故障码检查					
正确读取数据	项目	数值	单位	判断	※ 如果无相关数据则无须填写
清除故障码并再次读取	确认故障码是否再次出现,并填写结果 □ 无 DTC □ 有 DTC				
确定故障范围	结合仪表现象、诊断数据和电路图分析,最有可能的故障范围:				
基本检查	线路/连接器外观及连接情况 □ 正常　□ 不正常_____ 零件安装等 □ 正常　□ 不正常_____				※ 不拆装
部件/电路测试	部件/线路范围	检查或测试后的判断结果			※ 注明测试条件、插件代码和编号,控制单元针脚代号以及测量结果
		□ 正常		□ 不正常	
		□ 正常		□ 不正常	
		□ 正常		□ 不正常	
		□ 正常		□ 不正常	
	波形采集(不用者不填)	□ 正常		□ 不正常	
故障部位确认和排除	故障类型	确认的故障位置		排除处理说明	
	线路故障			□ 更换 □ 维修 □ 调整	
	元件故障			□ 更换 □ 维修 □ 调整	

3. 最终维修结果确认(如表 4.2.3)

表 4.2.3 最终维修结果确认

作业项目	作业内容				备注
维修后故障代码读取,并填写读取结果					
与原故障相关数据检查结果	项目	数值	单位	判断	※ 表中项目检查有内容时填写检查结果,如果没有时填写"无"
维修后的功能操作确认并填写结果					

五、评价与反馈

学习任务评价表

小组　　　　　学号　　　　　姓名

项目内容	主要测评项目	自评			
		A	B	C	D
关键能力总结	1. 保持工作场所干净整洁。 2. 注重团结,共同合作。 3. 尊重他人劳动成果。 4. 仪容仪表符合学习活动要求。 5. 遵守纪律,遵守学习场所管理规定,服从安排				
专业知识与能力总结	1. 了解快充系统充电过程。 2. 了解快充连接原理与快充系统连接流程技能要求。 3. 熟悉快充系统连接流程。 4. 能够看懂并分析吉利EV450直流快充系统电路图。 5. 能对吉利EV450进行故障诊断与排除分析。 6. 能严格遵守新能源汽车维修作业规范。 7. 培养团队合作精神				
自我总结					
重难点总结					
小组评价					
教师评价		总评成绩			

项目五　整车控制系统故障诊断与排除

任务一　整车控制系统传感器故障诊断与排除

一、任务引入

一辆纯电动汽车不能上高压电,经过诊断仪检测,发现整车控制系统传感器故障,对于此类故障该如何进行诊断与排除呢?

二、任务要求

知识要求:
掌握整车控制器的功能。
技能要求:
1. 会分析典型新能源汽车整车控制系统传感器电路。
2. 能对新能源汽车整车控制系统传感器电路进行故障诊断与排除。
职业素养要求:
1. 能熟练查阅维修资料和电路图,规范使用工量具和仪器设备。
2. 准确测量参数和判断故障点。
3. 正确记录作业过程和测试数据。

三、相关知识

(一) 整车控制器(VCU)的功能

整车控制器的总体功能是用于判断操纵者意愿,根据车辆行驶状态和电池、电机系统的状态合理分配动力,使车辆运行在最佳状态。

1. 整车状态的获取功能

(1) 整车状态的获取。通过车速传感器、挡位信号传感器等,在采用不同的采样周期时,检测整车的运行状态。

(2) 通过CAN总线获得原车功能模块、动力电池系统、电机驱动系统等状态信息。

2. 驾驶员的意愿识别和控制模式的判断

(1) 通过各种状态信息(加速/制动踏板位置、当前车速和整车是否有故障信息等)来判断出当前需要的整车工作模式(如起步、加速、减速、匀速行驶)。

(2) 根据判断得出的整车工作模式、动力电池系统和电机驱动系统状态计算出当前车辆需要的扭矩。

(3) 根据当前的参数和状态及前一段时间的参数及状态,算出当前车辆的扭矩能力,根据当前车辆需要的扭矩,最终计算出合理的最终需要实现的扭矩。

3. 整车故障的判别及处理

(1) 判断整车的各个传感器、执行机构的状态。

(2) 置出相应的错误标志,协调在错误情况下各个模块的计算、执行。

(3) 将错误状态记录、输出、消除。

4. 外围相连驱动模块的管理

根据各个功能模块的最终计算结果,通过总线控制各个外围功能模块(例如空调模块等)。

5. 电动汽车辅助系统的控制

(1) 驾驶安全辅助设备,助力转向。

(2) 电器附件,DC/DC、水泵、空调、暖风等。

(3) 休闲娱乐辅助设备,DVD 等。

(二) 吉利 EV450 整车控制系统传感器电路图

吉利 EV450 整车控制系统传感器电路主要包括制动信号电路、挡位信号电路和油门踏板位置传感器电路。吉利 EV450 整车控制系统传感器电路图如图 5.1.1 ~ 图 5.1.4 所示。

(三) 吉利 EV450 整车控制系统传感器电路故障诊断与排除分析

1. 加速踏板位置传感器(油门踏板位置传感器) 电路

(1) 常见故障现象。

吉利 EV450 加速踏板位置传感器有两个,是冗余设计。每个传感器有三根导线,分别是电源线、搭铁线和信号线。如果一个传感器损坏不影响车辆上电和行驶,也没有明显故障现象,但是会报相应故障码。

(2) 故障原因。

对于吉利 EV450 加速踏板位置传感器损坏的原因有传感器断路、断路传感器本体损坏和 VCU 模块故障。

(3) 故障检测。

① 检查加速踏板位置传感器与 VCU 之间的线束。

a. 操作启动开关,至 OFF 状态。

b. 断开蓄电池负极电缆,并等待至少 90 s 以上。

c. 断开 VCU 线束连接器 CA67 和加速踏板线束连接器 IP63。

d. 测量 CA67 端子 99 与 IP63 端子 1 之间的电阻值。

e. 测量 CA67 端子 123 与 IP63 端子 5 之间的电阻值。

f. 测量 CA67 端子 112 与 IP63 端子 6 之间的电阻值。

g. 测量 CA67 端子 100 与 IP63 端子 2 之间的电阻值。

h. 测量 CA67 端子 124 与 IP63 端子 3 之间的电阻值。

i. 测量 CA67 端子 111 与 IP63 端子 4 之间的电阻值。

电阻标准值:小于 1 Ω。

j. 确认电阻值是否符合标准值。如果不符合,则更换或维修线束或连接器。

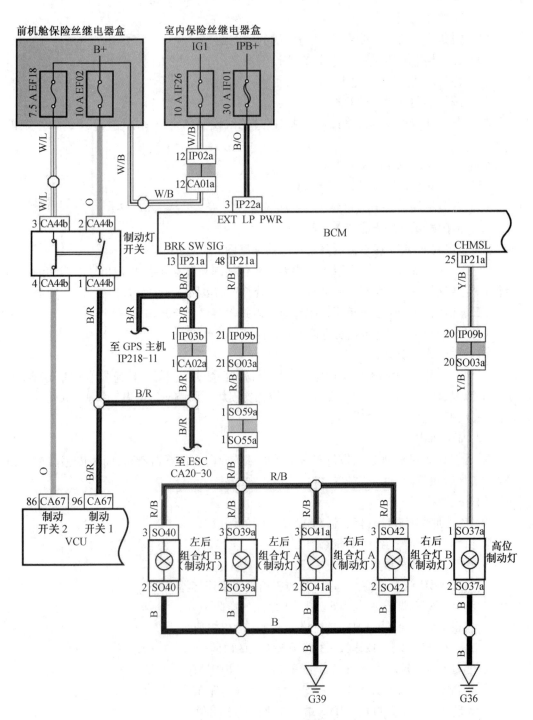

图 5.1.1 吉利 EV450 整车控制系统传感器电路(一)

项目五　整车控制系统故障诊断与排除

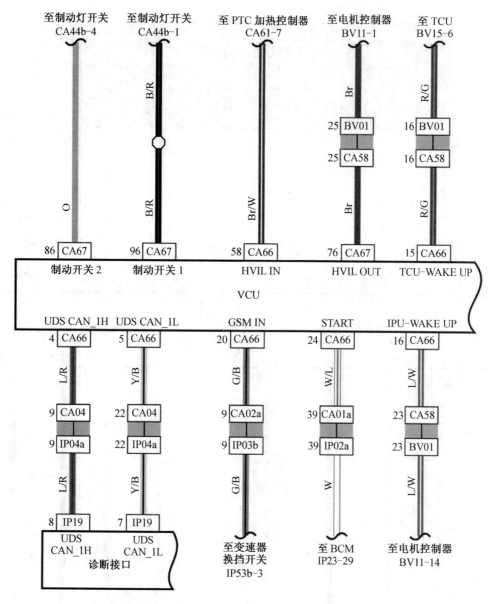

图 5.1.2　吉利 EV450 整车控制系统传感器电路(二)

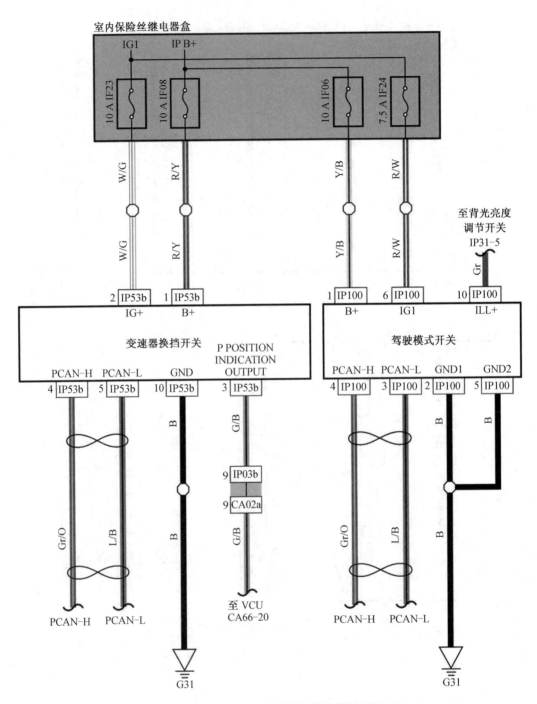

图 5.1.3 吉利 EV450 整车控制系统传感器电路(三)

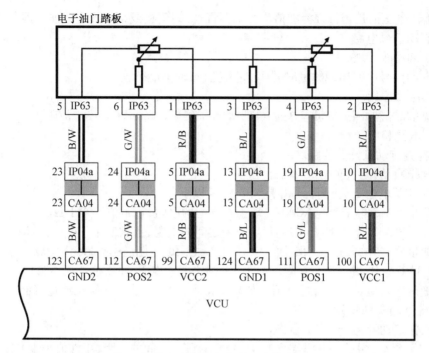

图 5.1.4　吉利 EV450 整车控制系统传感器电路(四)

② 检测线束连接器对地是否短路。
a. 操作启动开关,至 OFF 状态。
b. 断开蓄电池负极电缆,并等待至少 90 s 以上。
c. 断开 VCU 线束连接器 CA67 和加速踏板线束连接器 IP63。
d. 测量线束连接器 IP63 端子 1 与车身接地之间的电阻值。
e. 测量线束连接器 IP63 端子 2 与车身接地之间的电阻值。
f. 测量线束连接器 IP63 端子 3 与车身接地之间的电阻值。
g. 测量线束连接器 IP63 端子 4 与车身接地之间的电阻值。
h. 测量线束连接器 IP63 端子 5 与车身接地之间的电阻值。
i. 测量线束连接器 IP63 端子 6 与车身接地之间的电阻值。
电阻标准值:10 kΩ 或更高。
j. 确认电阻值是否符合标准值。如果不符合,则更换或维修线束或连接器。
③ 检测加速踏板线束连接器对电源是否短路。
a. 连接蓄电池负极电缆。
b. 操作启动开关,至 ON 状态。
c. 测量线束连接器 IP63 端子 1 与车身接地之间的电压值。
d. 测量线束连接器 IP63 端子 2 与车身接地之间的电压值。
e. 测量线束连接器 IP63 端子 3 与车身接地之间的电压值。
f. 测量线束连接器 IP63 端子 4 与车身接地之间的电压值。
g. 测量线束连接器 IP63 端子 5 与车身接地之间的电压值。
h. 测量线束连接器 IP63 端子 6 与车身接地之间的电压值。
电压标准值:0 V。

i. 确认电压值是否符合标准值。如果不符合,则更换或维修线束或连接器。

2. 制动信号电路

(1) 常见故障现象。

当制动信号电路出现故障时,制动灯常亮,车辆不能行驶。

(2) 故障原因。

常见的故障原因有制动开关故障、制动开关线路故障、VCU 模块故障等。

(3) 故障检测。

① 检查制动灯开关线路。

a. 操作启动开关,至 OFF 状态。

b. 断开蓄电池负极电缆,并等待至少 90 s 以上。

c. 测量 CA67 端子 86 与 CA44b 端子 4 之间的电阻,正常值小于 1 Ω。

d. 测量 CA67 端子 96 与 CA44b 端子 1 之间的电阻,正常值小于 1 Ω。

e. 测量 CA44b 端子 3 与保险丝 EF18 下端之间的电阻,正常值小于 1 Ω。

f. 测量 CA44b 端子 2 与保险丝 EF02 下端之间的电阻,正常值小于 1 Ω。

g. 确认电阻值是否符合标准值。如果不符合,则更换或维修线束或连接器。

② 检查刹车灯开关。

a. 操作启动开关,至 OFF 状态。

b. 踩下刹车,测量 CA44b 端子 1 与 CA44b 端子 2 之间的电阻,正常值小于 1 Ω,松开刹车正常测量值为无穷大。

c. 松开刹车,测量 CA44b 端子 4 与 CA44b 端子 3 之间的电阻,正常值小于 1 Ω,踩下刹车正常测量值为无穷大。

d. 确认电阻值是否符合标准值。如果不符合,则更换刹车灯开关。

③ 检查刹车灯开关电源。

a. 操作启动开关,至 ON 状态,测量 EF18、EF02 上端与车身接地之间的电压,正常电压 11 ~ 14 V。如不符合,则检查 EF18、EF02 上端线路。

b. 操作启动开关,至 ON 状态,测量 EF18、EF02 下端与车身接地之间的电压,正常电压 11 ~ 14 V。如不符合,则检查 EF18、EF02 电阻值,正常值小于 1 Ω,异常则更换保险丝。

3. 挡位信号电路

(1) 常见故障现象。

吉利 EV450 的挡位信号电路进行了冗余设计,一路是变速器换挡开关的硬线信号线路到 VCU;另外一路是变速器换挡开关的 P - CAN 总线到 VCU,当其中一路有故障,不影响车辆上电和行驶。但是当 VCU 收不到挡位信号的时候,故障现象是车辆不能行驶。

(2) 故障原因。

对于吉利 EV450 来说,可能的故障原因有:变速器换挡开关故障、变速器换挡开关供电线路故障、VCU 模块故障等。

(3) 故障检测。

① 检测 IP53b 端子 2 电源。

a. 操作启动开关 ON 状态,检测 IP53b 端子 2 与车身接地之间的电压,实测值为正常值 11 ~ 14 V,正常。

b. 操作启动开关 ON 状态,检测 IP53b 端子 2 与车身接地之间的电压,实测值为 0 V,异常。

c. 测量 IF23 下端与车身接地之间的电压,标准值为 11 ~ 14 V,正常。
d. 操作启动开关 OFF 状态,断开蓄电池负极电缆,并等待至少 90 s 以上。
e. 测量 IP53b 端子 2 和 IF23 保险丝下端之间的电阻,标准值小于 1 Ω。
f. 确认电阻值是否符合标准值。如果不符合,则更换或维修线束或连接器。
② 检测 IP53b 端子 1 电源。
a. 操作启动开关 OFF 状态,检测 IP53b 端子 1 与车身接地之间的电压,实测值为正常值 11 ~ 14 V,正常。
b. 操作启动开关 ON 状态,检测 IP53b 端子 1 与车身接地之间的电压,实测值为 0 V,异常。
c. 测量 IF08 下端与车身接地之间的电压,标准值为 11 ~ 14 V,正常。
d. 操作启动开关 OFF 状态,断开蓄电池负极电缆,并等待至少 90 s 以上。
e. 测量 IP53b 端子 1 和 IF08 保险丝下端之间的电阻,标准值小于 1 Ω。
f. 确认电阻值是否符合标准值。如果不符合,则更换或维修线束或连接器。
③ 测量 IP53b 端子 10 接地是否正常。
a. 测量 IP53b 端子 10 与接地点 G31 之间的阻值,标准值小于 1 Ω。
b. 确认电阻值是否符合标准值。如果不符合,则更换或维修线束或连接器。
④ 以上线路检查正常,则更换变速器换挡开关。

四、任务实施

(一) 准备工作

吉利 EV450 纯电动汽车或其他纯电动汽车、跨接线(T 形线)、万用表、道通诊断仪或其他诊断仪、绝缘测试仪、绝缘胶布、绝缘工具、工位防护套装、个人安全防护套装、车内三件套、车外三件套、抹布等。

(二) 故障设置

可以从以下故障点选取:
① 加速踏板位置传感器电路:传感器线路断路等。
② 制动信号电路:EF18 断路等。
③ 挡位信号电路:IF08 断路等。

(三) 故障诊断与排除过程并记录

1. 填写车辆信息(如表 5.1.1)

表 5.1.1 车辆信息

作业项目	作业内容
整车型号	
工作电压	
车辆识别代码	
电机型号	
里程表读数	

2. 故障点诊断与排除过程(如表 5.1.2)

表 5.1.2　故障点诊断与排除过程

作业项目	作业内容				备注
故障现象确认					※ 确认故障症状并记录症状现象
模块通信状态及故障码检查					
正确读取数据	项目	数值	单位	判断	※ 如果无相关数据则无须填写
清除故障码并再次读取	确认故障码是否再次出现,并填写结果 □ 无 DTC □ 有 DTC				
确定故障范围	结合仪表现象、诊断数据和电路图分析,最有可能的故障范围:				
基本检查	线路／连接器外观及连接情况 □ 正常　□ 不正常＿＿＿＿＿ 零件安装等 □ 正常　□ 不正常＿＿＿＿＿				※ 不拆装
部件／电路测试	部件／线路范围	检查或测试后的判断结果			※ 注明测试条件、插件代码和编号,控制单元针脚代号以及测量结果
		□ 正常		□ 不正常	
		□ 正常		□ 不正常	
		□ 正常		□ 不正常	
		□ 正常		□ 不正常	
	波形采集(不用者不填)	□ 正常		□ 不正常	
故障部位确认和排除	故障类型	确认的故障位置		排除处理说明	
	线路故障			□ 更换 □ 维修 □ 调整	
	元件故障			□ 更换 □ 维修 □ 调整	

3. 最终维修结果确认(如表 5.1.3)

表 5.1.3　最终维修结果确认

作业项目	作业内容				备注
维修后故障代码读取,并填写读取结果					
与原故障相关数据检查结果	项目	数值	单位	判断	※ 表中项目检查有内容时填写检查结果,如果没有时填写"无"
维修后的功能操作确认并填写结果					

五、评价与反馈

学习任务评价表

小组　　　　　　学号　　　　　　姓名

项目内容	主要测评项目	自评			
		A	B	C	D
关键能力总结	1. 学习态度积极主动。 2. 具有团队合作意识，注重沟通，能自主学习及相互协作。 3. 注重节约、节能与环保。 4. 仪容仪表符合学习活动要求。 5. 能准确识别电路图和正确记录测量数据				
专业知识与能力总结	1. 掌握整车控制器的功能。 2. 会分析典型新能源汽车整车控制系统传感器电路。 3. 能对新能源汽车整车控制系统传感器电路进行故障诊断与排除。 4. 能严格遵守新能源汽车维修作业规范。 5. 准确测量参数和判断故障点。 6. 正确记录作业过程和测试数据				
你有哪些收获					
你有哪些疑问					
小组评价					
教师评价		总评成绩			

任务二　CAN 总线故障诊断与排除

一、任务引入

一辆纯电动汽车不能上高压电,经过诊断仪检测,发现 CAN 总线故障,对于此类故障该如何进行诊断与排除呢?

二、任务要求

知识要求:
了解控制系统的基本概念。
技能要求:
1. 会分析典型新能源汽车 CAN 总线。
2. 能对新能源汽车 CAN 总线进行故障诊断与排除。
职业素养要求:
1. 能够准确测量参数和判断故障点。
2. 熟悉掌握控制系统的概念和 CAN 总线的功用。
3. 能熟练查阅维修资料和电路图,规范使用工量具和仪器设备。

三、相关知识

(一) 控制系统的基本概念

控制系统一般包括传感器、控制器和执行元件。传感器采集信息并转换成电信号发送给控制器,控制器根据传感器的信息进行运算、处理和决策,并向执行元件发送控制指令以完成某项控制功能,如图 5.2.1 所示。

图 5.2.1　控制系统的组成

当系统中有两个控制系统且两个控制系统需要相互通信时,可以通过 CAN 总线将两个控制系统连接起来,如图 5.2.2 所示。

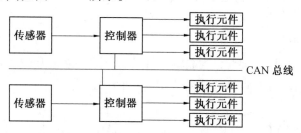

图 5.2.2　基于 CAN 总线的控制系统(一)

当系统中有多个控制系统且控制系统之间有通信需求时,多个控制系统可以连接在CAN总线上实现控制系统之间的信息通信,如图5.2.3所示。在传统汽车控制系统中,这些控制系统是对等的、没有主次之分。在新能源汽车控制系统中,一般会有一个控制器,如整车控制器除了完成自身一些控制功能外,还肩负着整个控制系统的管理和协调功能。

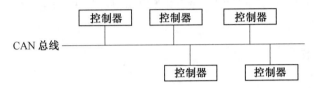

图5.2.3 基于CAN总线的控制系统(二)

整车控制采用分层控制方式:整车控制器作为第一层,其他各控制器为第二层,各控制器之间通过CAN网络进行信息交互,共同实现车的功能控制,如图5.2.4所示。

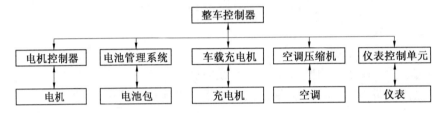

图5.2.4 分层控制方式

(二) 吉利EV450 P-CAN与V-CAN

1. P-CAN

吉利EV450 CAN网络的连通是进行整车故障诊断的基础。其中分为V-CAN还有P-CAN两路CAN总线,均可通过OBD对两路CAN进行监控。P-CAN总线负责高压模块,分别包括有BMS、OBC、GSM、PEU等。其中BMS与PEU各分布120 Ω终端电阻。P-CAN电路图如图5.2.5所示。

2. V-CAN

V-CAN总线负责低压模块,分别包括:EPB、ESC、BCM等,其中ESC与BCM各分布120 Ω终端电阻。V-CAN电路图如图5.2.6、图5.2.7所示。

(三) 吉利EV450 CAN总线故障诊断与排除分析

1. VCU P-CAN

(1) 常见故障现象。

吉利EV450 VCU P-CAN出现故障后常见的故障现象是Ready指示灯不亮,蓄电池充电故障警告灯亮,系统故障警告灯亮,VCU模块丢失通信。

(2) 故障原因。

对于吉利EV450 VCU P-CAN故障原因有:CAN总线断路、CAN-H与CAN-L互短、CAN总线对地会对电源短路、VCU模块故障等。

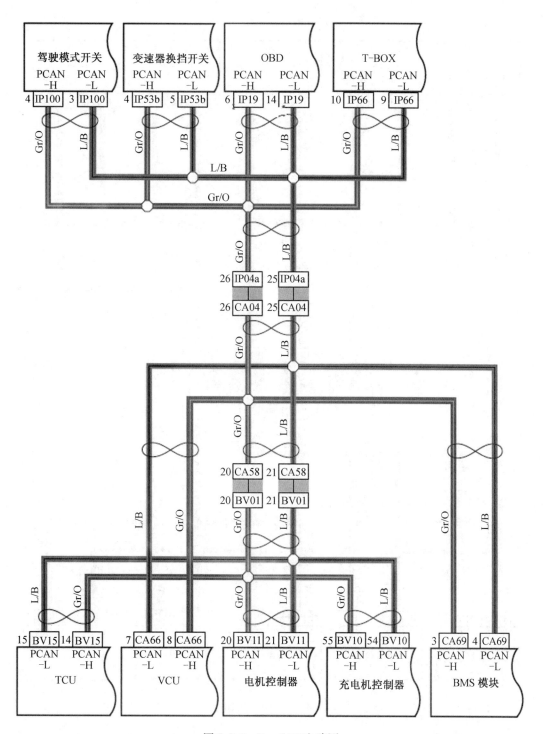

图 5.2.5　P–CAN 电路图

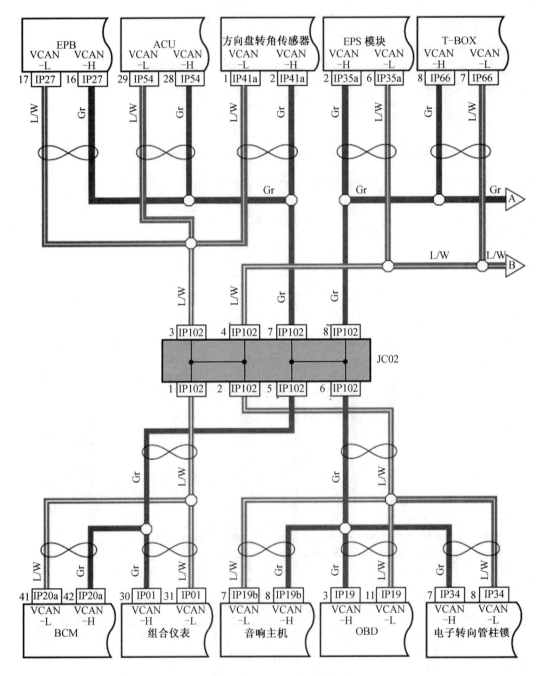

图 5.2.6 V-CAN 电路图(1)

项目五 整车控制系统故障诊断与排除

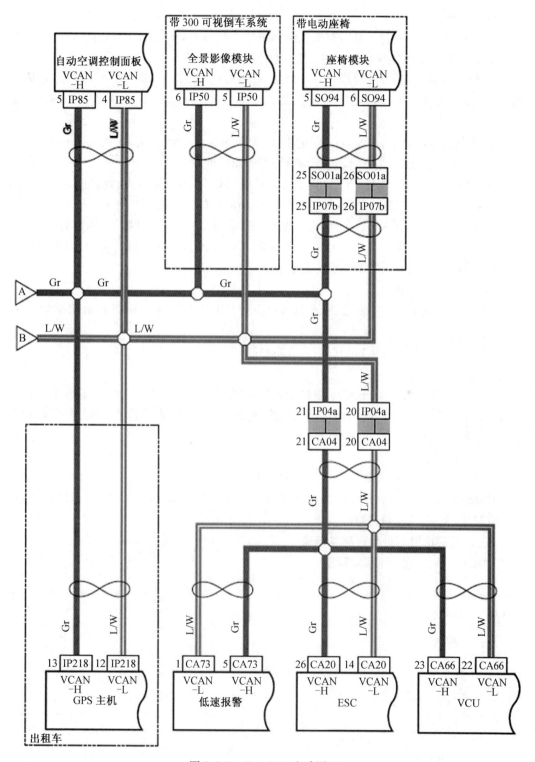

图 5.2.7　V – CAN 电路图(2)

（3）故障检测。

①检测 VCU P－CAN 是否对地或电源短路。测量 CA66/7 与车身之间电压，电压小于 2.5 V，测量 CA66/8 与车身之间电压，电压应大于 2.5 V。

②断开蓄电池的负极，断开 VCU 的 CA66，测量 CA66/7 与 CA66/8 之间电阻，电阻值应为 60 Ω；如果无穷大，转步骤③和④，如果电阻接近 0 Ω，说明 P－CAN 存在互短，需转步骤⑤。

③测量 CA66/7 与 IP19/14 之间电阻，电阻应为 0 Ω，如果无穷大，则说明 CA66/7 与 IP19/14 之间存在断路，需进行进一步测量，缩小断路的故障范围。

④测量 CA66/8 与 IP19/6 之间电阻，电阻应为 0 Ω，如果无穷大，则说明 CA66/8 与 IP19/6 之间存在断路，需进行进一步测量，缩小断路的故障范围。

⑤断开 BV01 与 CA58 之间连接器，断开 IP04a 与 CA04 之间连接器，测量 CA66/7 与 CA66/8 之间电阻、IP19/6 与 IP19/14 之间电阻、BV01/20 与 BV01/21 之间电阻，根据所测的电阻值，可以将互短的故障缩小在最小的范围内。

2. VCU V－CAN

VCU V－CAN 的故障现象、故障原因和检测方法与 VCU P－CAN 的故障类似。

四、任务实施

（一）准备工作

吉利 EV450 纯电动汽车或其他纯电动汽车、跨接线（T 形线）、万用表、道通诊断仪或其他诊断仪、绝缘测试仪、绝缘胶布、示波器、绝缘工具、工位防护套装、个人安全防护套装、车内三件套、车外三件套、抹布等。

（二）故障设置

可以从以下故障点选取：

CA66/7 到 P－CAN 断路、CA66/8 到 P－CAN 断路、CA66/22 到 V－CAN 断路、CA66/23 到 V－CAN 断路等。

（三）故障诊断与排除过程并记录

1. 填写车辆信息（如表 5.2.1）

表 5.2.1 车辆信息

作业项目	作业内容
整车型号	
工作电压	
车辆识别代码	
电机型号	
里程表读数	

2.故障点诊断与排除过程(如表5.2.2)

表 5.2.2　故障点诊断与排除过程

作业项目	作业内容				备注
故障现象确认					※ 确认故障症状并记录症状现象
模块通信状态及故障码检查					
正确读取数据	项目	数值	单位	判断	※ 如果无相关数据则无须填写
清除故障码并再次读取	确认故障码是否再次出现,并填写结果 □ 无 DTC □ 有 DTC				
确定故障范围	结合仪表现象、诊断数据和电路图分析,最有可能的故障范围:				
基本检查	线路/连接器外观及连接情况 □ 正常　□ 不正常_____ 零件安装等 □ 正常　□ 不正常_____				※ 不拆装
部件/电路测试	部件/线路范围	检查或测试后的判断结果			※ 注明测试条件、插件代码和编号,控制单元针脚代号以及测量结果
		□ 正常		□ 不正常	
		□ 正常		□ 不正常	
		□ 正常		□ 不正常	
		□ 正常		□ 不正常	
	波形采集(不用者不填)	□ 正常		□ 不正常	
故障部位确认和排除	故障类型	确认的故障位置		排除处理说明	
	线路故障			□ 更换 □ 维修 □ 调整	
	元件故障			□ 更换 □ 维修 □ 调整	

3. 最终维修结果确认(如表 5.2.3)

表 5.2.3　最终维修结果确认

作业项目	作业内容				备注
维修后故障代码读取,并填写读取结果					
与原故障相关数据检查结果	项目	数值	单位	判断	※ 表中项目检查有内容时填写检查结果,如果没有时填写"无"
维修后的功能操作确认并填写结果					

五、评价与反馈

学习任务评价表

小组　　　　　　学号　　　　　　姓名

项目内容	主要测评项目	自评			
		A	B	C	D
关键能力总结	1. 能熟练查阅维修资料和电路图,规范使用工具和仪器设备。 2. 能够具有安全意识、责任意识,6S 管理意识。 3. 能够遵守纪律,服从安排,能按时参加安排的实践活动。 4. 能够准确测量参数和判断故障点。 5. 注重节约、节能与环保。 6. 熟悉掌握控制系统的概念和 CAN 总线的功用				
专业知识与能力总结	1. 了解控制系统的基本概念。 2. 会分析典型新能源汽车 CAN 总线。 3. 能对新能源汽车 CAN 总线进行故障诊断与排除。 4. 能严格遵守新能源汽车维修作业规范。 5. 严格执行 6S 现场管理,培养团队合作精神。 6. 准确判断故障点并准确测量和记录测试数据				
重难点总结					
你遇到的问题					

小组评价	评价标准	评价结果			
		A	B	C	D
	任务目的制定合理恰当				
	任务过程表述清晰明确				
	任务结果符合实际情况				
	任务计划切实有效执行				
	人物体会感受情感真实				
教师评价				总评成绩	

任务三　高压互锁故障诊断与排除

一、任务引入

一辆纯电动汽车不能上高压电,经过诊断仪检测,发现高压互锁断路,对于此类故障该如何进行诊断与排除呢?

二、任务要求

知识要求:
1. 了解新能源汽车高压互锁电路的作用。
2. 能理解高压互锁工作原理。

技能要求:
1. 会分析典型新能源汽车高压互锁电路。
2. 能对新能源汽车高压互锁电路进行故障诊断与排除。

职业素养要求:
1. 能严格遵守新能源汽车维修作业规范。
2. 严格执行6S现场管理。
3. 培养团队合作精神。

三、相关知识

(一)高压互锁的作用

高压互锁简称HVIL(Hazardous Voltage Interlock)。

在ISO国际标准《道路电气车辆 安全规范 第3部分:使人免受电气伤害的保护》(ISO 6469-3-2001)中,规定车上的高压部件应具有高压互锁装置。高压互锁指通过使用电气小信号,来检查整个高压产品、导线、连接器及护盖的电气完整性(连续性),识别回路异常断开时,及时断开高压电。具体作用如下:

(1)整车在高压上电前确保整个高压系统的完整性,使高压处于一个封闭的环境下工作,提高安全性。

(2)当整车在运行过程中高压系统回路断开或者完整性受到破坏的时候,需要启动安全防护。

(3)防止带电插拔高压连接器给高压端子造成拉弧损坏,甚至造成人身伤害。

(二)高压互锁工作原理

(1)为了监测高压供电回路插接件连接的完整性、可靠性,采用低压导线作为信号线与高压电源线并排在高压线束护套管内,并分别与高压连接器连接确认插脚连接,将所有的高压部件串接起来组成回路。高压互锁插头连接结构及工作原理如图5.3.1所示。从图5.3.1中可以看出,由于高压插头(高压连接器)中高压电源的正负极端子和中间互锁端子的物理长度不一样,当要断开高压插头时,高压插头的互锁端子先于高压插头中的电源正负极端子脱开;当要连接高压插头时,高压插头的电源正负极端子先于互锁端子和高压插头中的脱开连接好。这样的设计也避免了拉弧的产生。

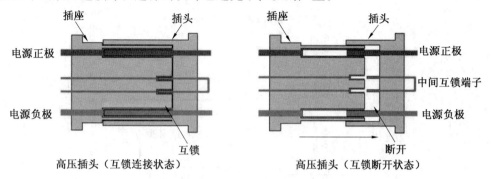

图 5.3.1　高压互锁插头连接结构及工作原理

（2）高压互锁回路内还包括用于监测高压部件盖板是否可靠关闭的行程开关(开盖保护开关)。信号线将所有高压器件上的监测点全部串联起来,组成一条监测信号回路,即互锁信号回路。高压回路内某一个部位没有连接好,互锁信号送入整车控制器内,整车控制器就不使动力电池对外供电。

（3）高压互锁回路中还可以包括车辆碰撞和翻转信号。当整车发生碰撞（侧翻转）时,安全气囊碰撞（侧翻）传感器发出信号,触发断电信号,整车控制器使高压电源会在毫秒级时间内断开,并利用高压系统余电放电电路将汽车高压部件电容端的电压在很短时间内放掉,避免火灾或漏电事故引起的人员触电事故的发生,以保障用户的安全。

（三）整车高压互锁系统故障控制方法

当高压互锁系统检测到危险时,控制器会根据行驶状态和危险程度的故障等级使用合理的安全控制方法。

1. 切断高压电源

当高压互锁系统发现危险后,控制器控制动力蓄电池的正极接触器和负极接触器,从而切断高压电源的输出（动力蓄电池）,避免高压危险,确保财产和人身安全。

2. 故障报警

当互锁回路检测到危险时,控制器让电动汽车进行声光报警,提醒驾驶员,让驾驶员注意到发生异常情况并及时处理,以避免事故发生。

3. 减功率工作

在高速行驶的过程中高压互锁系统检测到危险情况后,高压互锁系统不会立即切断高压电源,但是电动汽车会发出声光警示,提示驾驶员有危险,同时降低车辆的速度,使车辆跛行,驾驶员也可以将车辆停到安全的地方,等待救援,从而降低发生高压危险的概率。

（四）典型新能源汽车高压互锁电路

1. 吉利 EV450 纯电动车高压互锁电路

吉利 EV450 纯电动汽车高压互锁电路如图 5.3.2 所示。

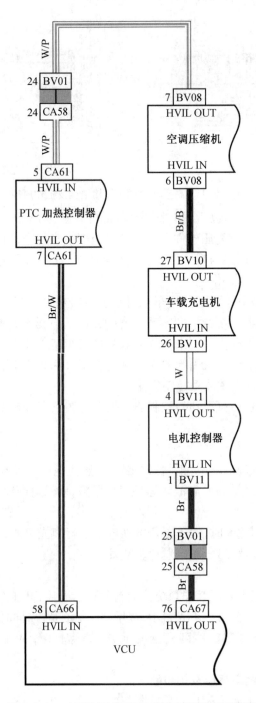

图 5.3.2 吉利 EV450 纯电动汽车高压互锁电路

2. E5 纯电动汽车高压互锁电路

E5 纯电动汽车高压互锁电路如图 5.3.3 所示。

（五）高压互锁电路故障诊断与排除分析

1. 常见故障现象

车辆仪表"READY"灯或"OK"指示灯不亮，车辆不能上高压电，系统故障警告灯亮，蓄电池充放电故障指示灯亮。

2. 故障原因

对于吉利 EV450 来说，可能的故障原因有：高压导线未连接好导致的高压互锁断路、PTC 加热控制器内部互锁电路断路或短路、空调压缩机内部互锁电路断路或短路、车载充电机内部互锁电路断路或短路、电机控制器内部互锁电路断路或短路、VCU 模块故障、高压互锁硬线断路或短路等。

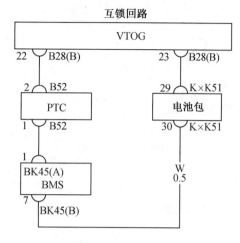

图 5.3.3 E5 纯电动汽车高压互锁电路

3. 故障检测

吉利 EV450 高压互锁回路由 VCU 发送 5 V 的 PWM 信号。当互锁回路断开的时候，VCU 发送 12 V 的电压信号。检测的方法可以使用电阻法，逐段检测，判断出故障部位。

四、任务实施

（一）准备工作

吉利 EV450 纯电动汽车或其他纯电动汽车、跨接线（T 形线）、万用表、道通诊断仪或其他诊断仪、绝缘测试仪、绝缘胶布、绝缘工具、工位防护套装、个人安全防护套装、车内三件套、车外三件套、抹布等。

（二）故障设置

可以从以下故障点选取：

电机控制器至车载充电机间高压互锁连接线路断路、虚接、短路故障，互锁线路对地短路、电机控制器内部互锁断路（开盖保护安装不到位或缺失）等。

（三）故障诊断与排除过程并记录

1. 填写车辆信息（如表 5.3.1）

表 5.3.1　车辆信息

作业项目	作业内容
整车型号	
工作电压	
车辆识别代码	
电机型号	
里程表读数	

2. 故障点诊断与排除过程(如表5.3.2)

表 5.3.2　故障点诊断与排除过程

作业项目	作业内容				备注
故障现象确认					※ 确认故障症状并记录症状现象
模块通信状态及故障码检查					
正确读取数据	项目	数值	单位	判断	※ 如果无相关数据则无须填写
清除故障码并再次读取	确认故障码是否再次出现,并填写结果 □ 无 DTC □ 有 DTC				
确定故障范围	结合仪表现象、诊断数据和电路图分析,最有可能的故障范围:				
基本检查	线路/连接器外观及连接情况 □ 正常　□ 不正常＿＿＿＿ 零件安装等 □ 正常　□ 不正常＿＿＿＿				※ 不拆装
部件/电路测试	部件/线路范围	检查或测试后的判断结果			※ 注明测试条件、插件代码和编号,控制单元针脚代号以及测量结果
		□ 正常		□ 不正常	
		□ 正常		□ 不正常	
		□ 正常		□ 不正常	
		□ 正常		□ 不正常	
	波形采集(不用者不填)	□ 正常		□ 不正常	
故障部位确认和排除	故障类型	确认的故障位置		排除处理说明	
	线路故障			□ 更换 □ 维修 □ 调整	
	元件故障			□ 更换 □ 维修 □ 调整	

3. 最终维修结果确认(如表5.3.3)

表5.3.3 最终维修结果确认

作业项目	作业内容				备注
维修后故障代码读取,并填写读取结果					
与原故障相关数据检查结果	项目	数值	单位	判断	※表中项目检查有内容时填写检查结果,如果没有时填写"无"
维修后的功能操作确认并填写结果					

五、评价与反馈

学习任务评价表

小组　　　　　学号　　　　　姓名

项目内容	主要测评项目	自评			
		A	B	C	D
关键能力总结	1. 遵守纪律，遵守学习场所管理规定，服从安排。 2. 具有安全意识、责任意识、6S 管理意识，注重节约、节能与环保。 3. 学习态度积极主动，能按时参加安排的实践活动。 4. 具有团队合作意识，注重沟通，能自主学习及相互协作。 5. 仪容仪表符合学习活动要求				
专业知识与能力总结	1. 了解新能源汽车高压互锁电路的作用。 2. 理解高压互锁工作原理。 3. 会分析典型新能源汽车高压互锁电路。 4. 能对新能源汽车高压互锁电路进行故障诊断与排除。 5. 能严格遵守新能源汽车维修作业规范。 6. 严格执行 6S 现场管理。 7. 培养团队合作精神				
自我评价					
小组评价					
教师评价		总评成绩			

任务四　整车上电故障诊断与排除

一、任务引入

一辆纯电动汽车不能上高压电,经过诊断仪检测,发现整车上电故障,对于此类故障该如何进行诊断与排除呢？

二、任务要求

知识要求：
1. 能正确理解吉利 EV450 整车上下电控制策略。
2. 能理解新能源 EV160/200 整车供断电过程。

技能要求：
能对新能源汽车整车上电进行故障诊断与排除。

职业素养要求：
1. 能正确理解新能源汽车整车上下电控制策略。
2. 能正确理解新能源汽车整车供断电过程。
3. 培养团队合作精神。

三、相关知识

（一）吉利 EV450 整车上下电控制策略

1. 吉利 EV450 整车上下电概念

（1）启动功能。

启动功能是指车辆从其他电源挡位(OFF 挡、ACC 挡、ON 挡)至 READY 挡,点亮仪表指示灯的过程,也可称上高压电。

（2）上电功能。

上电功能是车辆从 OFF 挡至 ON 挡的过程,该挡位车辆各模块处于上高压电准备阶段。

（3）退电功能。

退电功能是指整车从 READY 挡退电至其他挡位。

（4）下电功能。

下电功能是指整车从 ON 挡退电至 OFF 挡的过程。

2. 上电控制策略

上电控制策略如图 5.4.1 所示。

3. 下电控制策略

下电控制策略如图 5.4.2 所示。

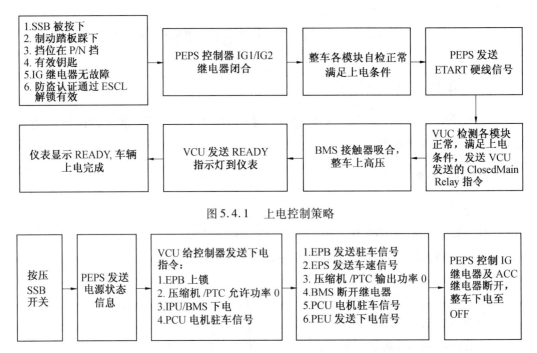

图5.4.1 上电控制策略

图5.4.2 下电控制策略

4.吉利EV450整车上下电电路

吉利EV450整车上下电电路如图5.4.3～图5.4.6所示。

(二) 新能源EV160/200整车供断电过程

新能源EV160/200整车供断电包括低压供电与断电、唤醒与取消唤醒、高压供电与断电,其控制功能涉及整车所有控制单元,包括整车控制器、电机控制器INV/MCU、动力电池内的电池管理系统BMS、空调系统、DC/DC变换器、组合仪表(ICM)系统、远程终端控制器RMS、充电器CHG等。整车供断电过程是由整车控制器协调各个控制器,使各控制器按顺序合理地接通或断开低压控制电信号,使动力电池继电器接通或断开,从而车辆能够正确地完成"起动"和"关闭"动作,同时进行信息交互和故障检测。整个过程必须保证逻辑正确、顺序正确、故障检测合理有效。

1.低压供电及唤醒原理

电动汽车要能正常起动,动力电池就需要对外供电。为了保证供电安全,整车控制系统必须在确保整车主要高低压部件正常的情况下才会使动力电池的正负极继电器闭合,从而对外供电。整车控制器被唤醒之后将对各子系统进行一系列唤醒,检测正常之后才会使动力电池的正负极继电器闭合而对外供电。电动汽车唤醒整车控制器的方式通常有四种,即点火开关唤醒、快充唤醒、慢充唤醒和远程APP唤醒。

项目五　整车控制系统故障诊断与排除

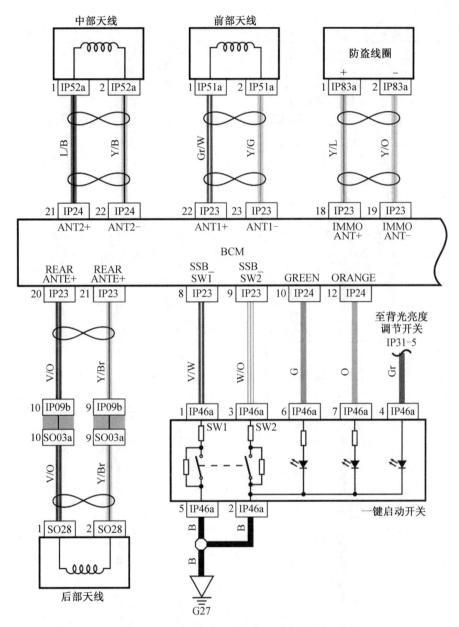

图 5.4.3　吉利 EV450 整车上下电电路(一)

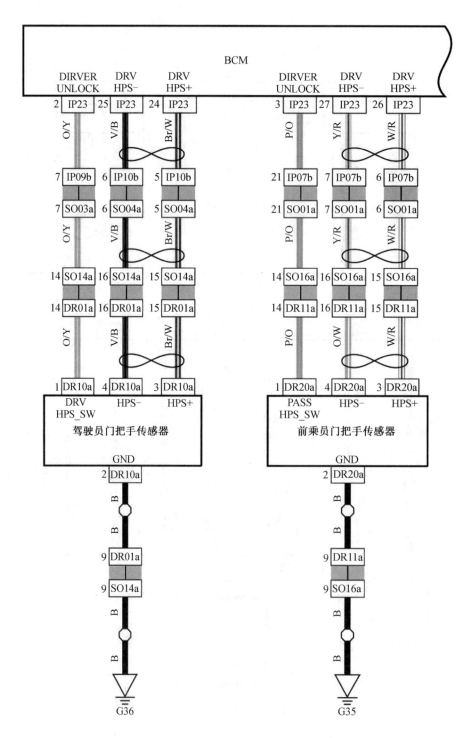

图 5.4.4　吉利 EV450 整车上下电电路(二)

项目五　整车控制系统故障诊断与排除

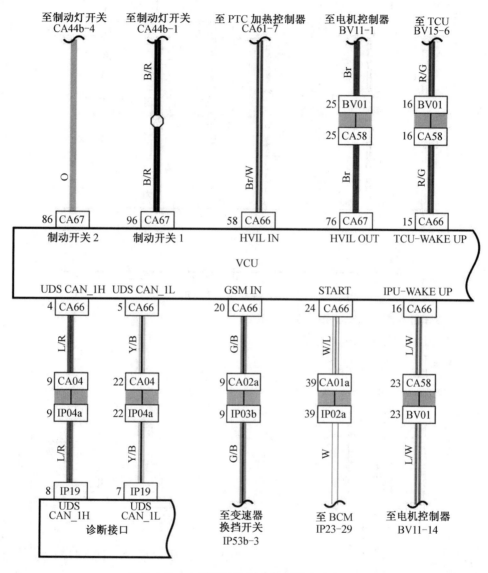

图 5.4.5　吉利 EV450 整车上下电电路(三)

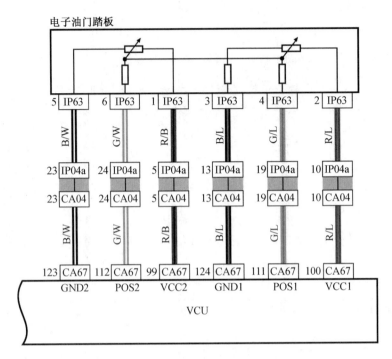

图 5.4.6 吉利 EV450 整车上下电电路（四）

（1）整车低压供电原理（如图 5.4.7）。

车辆低压控制器的供电途径有三种。

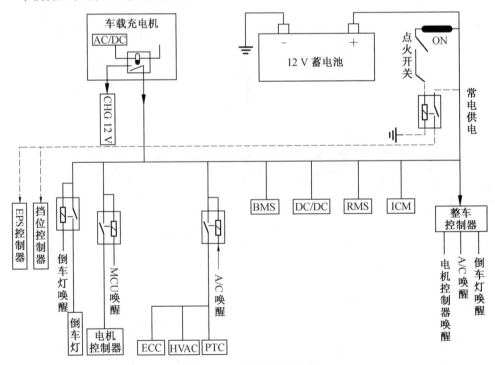

图 5.4.7 低压供电原理

①由蓄电池直接供电。主要有整车控制器 VCU、组合仪表 ICM、数据采集终端 RMS、DC/DC 和电池管理系统 BMS。

②由 ON 挡(IG1)继电器供电。当点火开关转到 ON 挡后,ON 挡继电器线圈被接通,从而将 12 V 蓄电池电压送到挡位控制器和电动助力 EPS 控制器,给其供电(由图中虚线连接)。

③由整车控制器控制低压继电器供电。当整车控制器由蓄电池直接供电后,内部部分电路工作,从而控制空调 A/C 继电器、电机控制器继电器和倒车灯继电器接通供电的控制器。

(2)非充电模式下各控制器唤醒原理。

非充电模式下控制器唤醒主要有 ON 挡继电器唤醒和整车控制器唤醒,如图 5.4.8 所示。

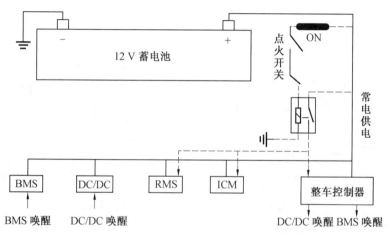

图 5.4.8　非充电模式下各控制器唤醒原理

①由 ON 挡(IG1)继电器唤醒的控制器有整车控制器、ICM 和 RMS。

②由整车控制器唤醒,当整车控制器被唤醒后将送出唤醒信号电压给 BMS 和 DC/DC。

(3)慢充模式下各控制器唤醒原理。

慢充模式下控制器唤醒主要有慢充唤醒 CHG 和整车控制器唤醒,如图 5.4.9 所示。

①慢充(CHG 12 V)唤醒信号是当充电桩与车载充电器建立充电关系后,车载充电器控制内部继电器接通后送出,分别送给整车控制器和数据采集终端 RMS(由图中虚线所连接)。

②由整车控制器唤醒,当整车控制器被唤醒后将送出唤醒信号电压给 BMS 和 DC/DC。

(4)快充模式下各控制器唤醒原理。

快充模式下控制器唤醒主要有快充唤醒(直流充电桩直接输出)和整车控制器唤醒,如图 5.4.10 所示。

①快充唤醒信号是当快充桩与车辆建立充电关系后,快充桩送出快充唤醒信号给整车控制器 VCU 和数据采集终端 RMS(由图中虚线所连接)。

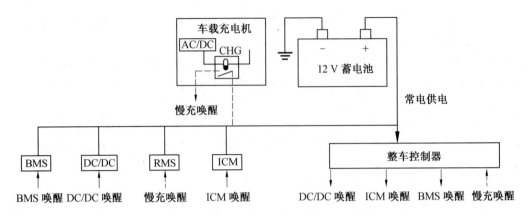

图 5.4.9　慢充模式下各控制器唤醒原理

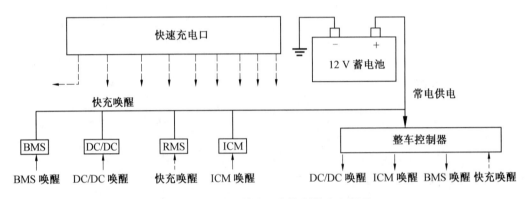

图 5.4.10　快充模式下各控制器唤醒原理

② 由整车控制器唤醒,当整车控制器被唤醒后将送出唤醒信号电压给 BMS 和 DC/DC(由图中细实线所连接)。

(5)远程模式下各控制器唤醒原理。

远程模式下控制器唤醒主要有远程 APP 唤醒、远程唤醒和整车控制器唤醒,如图 5.4.11 所示。

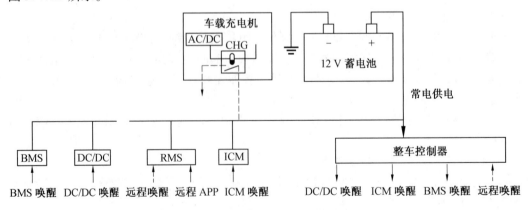

图 5.4.11　远程模式下各控制器唤醒原理

① 远程 APP 唤醒信号送给 RMS(由红色线所连接)。
②RMS 被唤醒后将送出唤醒信号唤醒整车控制器(由紫色线所连接)。
③ 整车控制器送出信号唤醒 ICM、DC/DC、BMS(由绿色线所连接)。
注:在远程慢充模式下,充电器通过 BMS 向总线发送报文的形式唤醒。

2.高压供电原理

新能源 EV160/200 纯电动汽车的高压部件主要有动力电池、高压控制盒、电机及电机控制器、车载充电器、空调压缩机、PTC、DC/DC 等。

新能源 EV160/200 动力电池内部的控制系统(图 5.4.12)中包含多个高压检测点(V_1、V_2、V_3)、预充电电路、负极继电器、正极继电器、电流传感器、手动维修开关、MSD 熔断器和绝缘检测电路等。

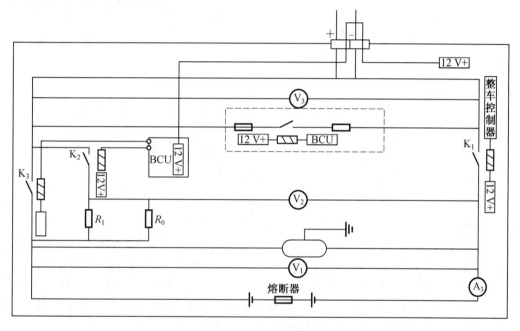

图 5.4.12 动力电池内部的控制系统

(1)高压检测点的作用。

① 高压检测点 1(V_1)位于高压总正、总负继电器内侧,测量动力电池包总电压,用于判定 MSD 是否断路。

② 高压检测点 2(V_2)位于负压继电器外侧,另一点位于预充电阻和预充电继电器之间,用于判定预充电继电器是否粘连、负极继电器是否断路、预充电电阻是否断路、预充电继电器是否断路。

③ 高压检测点 3(V_3)位于动力电池直流母线输出两端,用于判定正极继电器是否粘连。

(2)预充电电路的作用。

预充电电路的作用是为了防止在高压接触器闭合瞬间形成的强电流和高压对动力电机驱动系统高压器件形成冲击,导致接通高压电路瞬间造成器件损毁。预充电电路通过整车控制器 VCU 在供电过程中控制相应高压接触器通断时序,达到高压系统安全供电的目的。

（3）高压接触器的控制顺序。

新能源 EV160/200 首先整车控制器控制负极接触器接通后,再由 BMS 控制预充电接触器闭合,当预充电结束后,再由 BMS 控制正极接触器闭合,同时预充电接触器断开,这样完成动力电池高压供电。

整车控制器有四种唤醒方式,在唤醒之后的控制过程近似,下面仅以点火开关唤醒整车控制器的方式来介绍整车供断电流程,如图 5.4.13 所示。

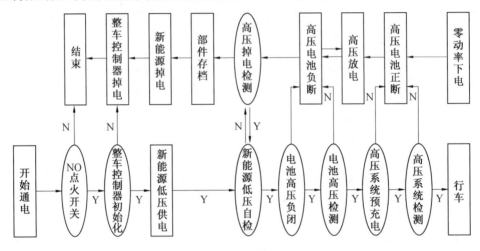

图 5.4.13　整车供断电流程

当点火开关旋转至 Start 挡,松开后回到 ON 挡,且挡位处于 N 挡,整车开始高压供电检测。整车控制器在进行初始化时,整车控制器会进行整车模式判断,如果此时充电口上连接了充电枪,则整车模式被判定为充电模式,此时将不会进入行车模式,继续后面的供电逻辑,整车控制器初始化不能完成。当整车模式被判定为运行模式后,整车控制器进行初始并完成自检;之后整车控制器闭合电机控制器 INV/MCU、低压继电器及空调控制面板、PTC 低压继电器,并唤醒 BMS,新能源低压供电开始;新能源低压供电开始后,进行新能源低压自检,在这过程中 BMS 和电机控制器完成初始化和自检,完成后自检计数器由"0"置为"1"并发给整车控制器;自检完成整车控制器闭合动力电池包内的负极继电器,否则进行高压掉电检测;负极继电器闭合后 BMS 完成动力电池高压自检,通过后自检计数器置"2"并发给整车控制器,否则整车控制器断开电池负极继电器,各高压控制器检测高压,零功率输出;BMS 完成预充电并闭合动力电池内的正极继电器,完成电池高压分步检测,检测成功后自检计数器置"3"并发给整车控制器,否则 BMS 断开电池正极继电器,自检计数器置"2"并发给整车控制器;预充电完成后,INV、ECC（空调控制器）、HVAC（空调面板系统）及 PTC（暖风的加热器）进行高压检测,检测通过后置高压检测完成标志位并发给整车控制器,该状态下开始判断高压故障,否则断开动力电池正极继电器,高压检测通过后整车供电完成,处于待行车状态,绿色 Ready 指示灯点亮。

当系统检测到高压总电流小于 5 A 且持续 600 ms 以上时,整车控制系统进行断电流程,BMS 断开电池正极继电器,自检计数器置"2"并发给整车控制器,各高压电器检测高压,不判断故障,零功率输出;正极继电器断开后,BMS 进行正极继电器粘连检测,各高压电器零功率输出,进行高压回路放电,当电机控制器检测到高压回路电压低于 36 V 后置放电完成标志位并发给整车控制器;整车控制器断开电池负极继电器,各高压控制器检测高压,零功率输出;BMS 进行高压掉电检测,完成后 BMS 自检计数器置"1"并发给整车控制器;当部件存档时,BMS 及各高压电器写 EEPROM(电可擦除只读存储器),BMS 自检计数器置"0"并发给整车控制器,电机控制器写 EEPROM 完成标志位;当存档完成后,整车控制器依次给 BMS、电机控制器、HVAC、PTC 进行新能源系统掉电,散热系统延时掉电;整车控制器写 EEP – ROM,整车控制器掉电,从而整车断电完成。

(三)整车上电故障诊断与排除分析

1. 常见故障现象

整车上电故障常见故障现象有两大类:一类是全车无正常电,仪表不能点亮。第二类是仪表可以点亮,车辆仪表"READY"灯或"OK"指示灯不亮,不能上高压电,有时候双跳灯会闪烁。

2. 故障原因

导致不能正常上电的故障原因有很多。从系统的类型来看,有低压电路导致的不能正常上电,也有高压电路导致的不能正常上电。本部分内容主要从低压电路进行分析。

对于吉利 EV450 来说,低压电路可能的故障原因有:车钥匙故障、防盗系统故障、低压电源供电电路故障、BCM 故障、VCU 故障、主继电器及其相关线路故障、IG1 及其相关线路故障、CAN 总线故障、转向轴锁系统故障、制动信号电路故障等。

对于新能源 EV160/200 整车来说,低压电路可能的故障原因有:整车控制器故障、整车控制器唤醒线路故障、低压电源供电电路故障、CAN 总线故障等。

3. 故障检测

(1)吉利 EV450。

① 首先检查低压电源供电电路是否正常,搭铁线路是否正常。

② 如果是多个模块丢失通信,重点检查 CAN 总线故障。

③ 如果双跳灯闪烁,重点检查 IG1 及其相关线路、主继电器及其相关线路、VCU 供电线路等。

④ 如果没有故障码,且不能进入 OBD – Ⅱ,重点检查防盗系统和转向轴锁系统。

⑤ 如果制动灯常亮,重点检查制动信号电路。

(2)新能源 EV160/200。

① 整车控制器供电线路的检修。

首先判断整车控制器是否在正常工作,方法是首先检查整车控制器供电和唤醒、整车控制器搭铁、整车控制器的供电线束及插件是否正常。

a. 整车控制器的供电线路如图 5.4.14 所示,电源分别通过熔断器 FB16 和 FB17 给整车控制器供电和唤醒电压,首先打开前舱继电器盒检查整车控制器电源熔断器(FB16、FB17)7.5 A 熔断器是否熔断,如果熔断,更换相应熔断器。前舱继电器盒如图 5.4.15 所示。

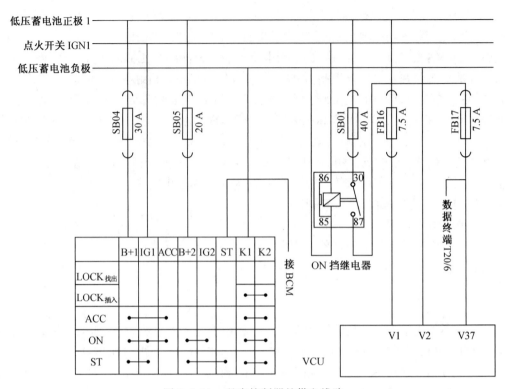

图 5.4.14 整车控制器的供电线路

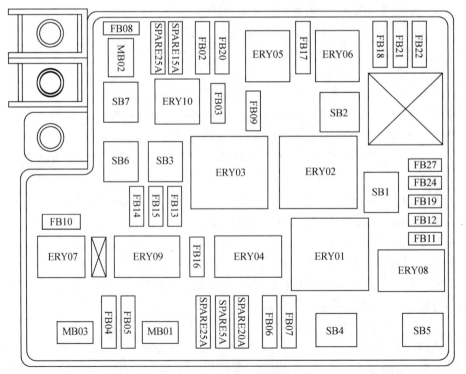

图 5.4.15 EV160/200 前舱继电器盒

b. 检查整车控制器供电电源线是否有 12 V 电源。

打开电源开关,整车处于供电状态,再将万用表旋钮旋至电压挡,表笔分别与整车控制器线束的 1 脚和 2 脚充分连接,整车控制器插件 A 的端子编号如图 5.4.16 所示,检测是否有 12 V 电源电压,如果没有 12 V 电源电压则确定线束断路,如果 12 V 电源电压正常则检查下一步。

1	2	81											63
		62											44
	4	43											25
4	5	24											6

图 5.4.16　整车控制器插件 A 的端子编号

c. 检测整车控制器唤醒电源线是否有 12 V 电源电压。

测量方法:首先打开电源使整车处于供电状态,再将万用表旋钮旋至电压挡,表笔分别与整车控制器线束的 37 脚和 2 脚充分连接,如图 5.4.16 所示,检测是否有 12 V 电源,如果 12 V 电源正常则检查下一步,如果没有 12 V 电源则需根据电路图进一步检查。

② 检查 CAN 总线。

a. 检查 CAN 总线阻值是否正常。

断开低压蓄电池负极后,测量的 CAN 总线正常阻值应为 60 Ω。

拔下电机控制器低压插件 T35,找到新能源 CAN 总线针脚 31/32,用万用表表笔分别与 31/32 充分连接,查看万用表显示阻值,电机控制器低压插件 T35 端子如图 5.4.17 所示。

图 5.4.17　MCU 低压插件 T35 端子

如果阻值不正确,请将所有有新能源 CAN 的用电器件逐一断开,有新能源 CAN 的用电器件有空调压缩机、车载充电器、RMS、电机控制器、高压控制盒、动力电池,当断开某个用电器件后阻值为正常阻值时,则判定为此用电器件功能失效(注:单一断开整车控制器或动力电池后阻值为 120 Ω)。

b. 检查 CAN 总线是否短路或断路。

当所有用电器件都完好的情况下用万用表测量 CAN 总线两根线是否短路或断路。

测量方法:将万用表旋钮旋至通断挡,将表笔与 CAN 总线的两根线充分连接测量是否导通(T35/3 2 – T21/R、T35/3 1 – T21/P)。BMS 低压插件 T21 端子如图 5.4.18 所示。

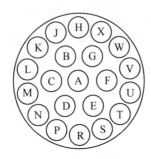

图 5.4.18　BMS 低压插件 T21 端子

如果导通则判定为线束短路,则需更换线束。如果不导通再测量单根线是否断路,如果断路则需更换线束。

四、任务实施

(一) 准备工作

吉利 EV450 纯电动汽车或其他纯电动汽车、跨接线(T 形线)、万用表、道通诊断仪或其他诊断仪、绝缘测试仪、绝缘胶布、绝缘工具、工位防护套装、个人安全防护套装、车内三件套、车外三件套、抹布等。

(二) 故障设置

吉利 EV450 可以从以下故障点选取:

车钥匙电池丢失、IG1 损坏、主继电器损坏、EF10 断路、低压电源电路断路等。

新能源 EV160/200 可以从以下故障点选取:

FB16 断路、FB17 断路等。

(三) 故障诊断与排除过程并记录

1. 填写车辆信息(如表 5.4.1)

表 5.4.1　车辆信息

作业项目	作业内容
整车型号	
工作电压	
车辆识别代码	
电机型号	
里程表读数	

2. 故障点诊断与排除过程(如表5.4.2)

表5.4.2　故障点诊断与排除过程

作业项目	作业内容				备注
故障现象确认					※ 确认故障症状并记录症状现象
模块通信状态及故障码检查					
正确读取数据	项目	数值	单位	判断	※ 如果无相关数据则无须填写
清除故障码并再次读取	确认故障码是否再次出现,并填写结果 □ 无 DTC □ 有 DTC				
确定故障范围	结合仪表现象、诊断数据和电路图分析,最有可能的故障范围:				
基本检查	线路/连接器外观及连接情况 □ 正常　□ 不正常_____ 零件安装等 □ 正常　□ 不正常_____				※ 不拆装
部件/电路测试	部件/线路范围	检查或测试后的判断结果			※ 注明测试条件、插件代码和编号,控制单元针脚代号以及测量结果
		□ 正常		□ 不正常	
		□ 正常		□ 不正常	
		□ 正常		□ 不正常	
		□ 正常		□ 不正常	
	波形采集(不用者不填)	□ 正常		□ 不正常	
故障部位确认和排除	故障类型	确认的故障位置	排除处理说明		
	线路故障		□ 更换 □ 维修 □ 调整		
	元件故障		□ 更换 □ 维修 □ 调整		

3. 最终维修结果确认(如表5.4.3)

表5.4.3 最终维修结果确认

作业项目	作业内容				备注
维修后故障代码读取,并填写读取结果					
与原故障相关数据检查结果	项目	数值	单位	判断	※ 表中项目检查有内容时填写检查结果,如果没有时填写"无"
维修后的功能操作确认并填写结果					

五、评价与反馈

学习任务评价表

小组＿＿＿＿　学号＿＿＿＿　姓名＿＿＿＿

项目内容	主要测评项目	自评			
		A	B	C	D
关键能力总结	1. 遵守纪律,服从安排。 2. 能正确理解新能源汽车整车上下电控制策略。 3. 能正确理解新能源汽车整车供断电过程。 4. 具有团队合作意识,注重沟通,能自主学习及相互协作。 5. 仪容仪表符合学习活动要求				
专业知识与能力总结	1. 能正确理解 EV450 整车上下电控制策略。 2. 能理解新能源 EV160/200 整车供断电过程和原理。 3. 能对新能源汽车整车上电进行故障诊断与排除。 4. 能够熟练查阅电路图和维修手册。 5. 能严格遵守新能源汽车维修作业规范				
自我评价					
小组评价					
教师评价		总评成绩			

参考文献

[1] 吉利 EV450 FE–3ZA 维修手册 V1.1[G],2018:1-1432.
[2] 宋广辉,陈东. 新能源汽车维护与故障诊断[M]. 北京:机械工业出版社,2018.
[3] 张珠让,尤元婷. 电动汽车维护保养(配实训工单)[M]. 北京:机械工业出版社,2017.
[4] 蔡晓兵,樊永强. 新能源汽车维护与保养[M]. 北京:机械工业出版社,2019.
[5] 李晶华,李穗萍. 新能源汽车使用与维护[M]. 北京:机械工业出版社,2017.